SHINSEI
Health and Sports

ゴルフルールBOOK

SIMPLE MANUAL of
“RULES of GOLF”

新星出版社

目次

PART1　ゴルフルールの原則

PART2　ティーイング・エリアのルール

スイング前

CONTENTS

アドレス・ショット時

OB・紛失球など

PART3　ジェネラル・エリアのルール

ボールの状態やライ

アドレス・ショット時

OB・紛失球など

池・クリークのルール

PART5　パッティング・グリーンのルール

パッティング・ライン

マーカー・カップ・旗竿

打球・カップインなど

本書の使い方

本書では、実際に起こり得るケースをイラストで紹介し、その対処法や類似した状況などの対処法を解説します。

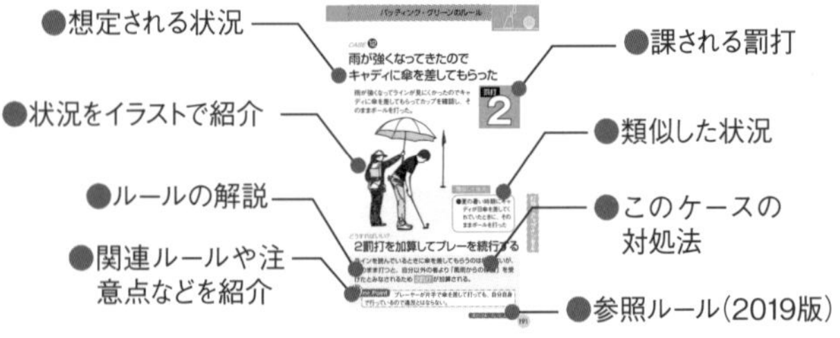

※注）本書はR&A「The Official Rules of Golf」を参照して編集されているため、表記が日本版ゴルフ規則書と異なる場合があります。

※注）ルール改定に伴って内容が余儀なく変更されることがあります。

制作：編集・構成／権藤海裕（Les Ateliers）　イラスト／村上サトル　げっぺルス

PART 1

ゴルフルールの原則

ゴルフルールの原則

ゴルフの原則は、①一つの球をプレーする、②連続したストロークで打つ、③「あるがまま」にプレーする、④ホールアウトする、の4つ。

また、審判員なしで行われるスポーツだけに、各プレーヤーが誠実に規則(ルール)を遵守することがプレーの大前提となる。そのためにも、各プレーヤーがルールを正確に理解しておくことが大切だ。

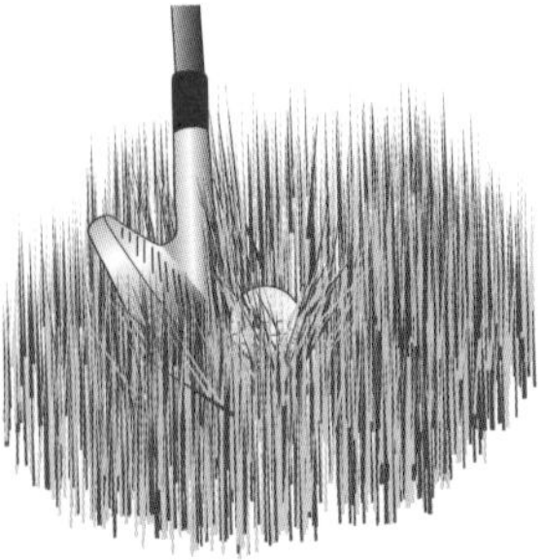

●「あるがまま」にプレーする

ティーイング・エリアからボールを打った瞬間に、そのボールは「インプレー」となる。そして、インプレーのボールでプレーを続け、カップインしたところでホールアウトとなる。しかし、つねにインプレーのボールがプレーできる状態にあるとは限らないため、特別なケースに対応するルールが設けられている。

そのためゴルフでは、意図的にボールの動きに影響を及ぼしたり、物理的な条件を変えることは禁じられている。つねに「あるがまま」の状態でプレーするのがゴルフの基本なのだ。

規則9条 参照

●ルールの多くは「救済」目的にある

一見、複雑に見えるゴルフルールの多くは、プレーヤーを罰することが目的でなく、連続したストロークができなくなったときの救済を目的に設けられている。

たとえば、

- ●ボールの紛失
- ●OB
- ●池やクリーク
- ●障害物
- ●修理地やプレー禁止区域
- ●異常なグラウンド状態
- ●アンプレヤブルなど

インプレーのボールの断念を余儀なくされたり、動かさざるを得ない状況に対応するためのルールを各プレーヤーが理解しておくことが大切だ。

●ルールに明記されていない裁定

ゴルフでは細かくルールが設定されているが、自然の中でプレーする競技であるため、記述されたルールで対処しきれない状況が起こり得る。そこで必要になるのが「公正の理念」だ。

ルールとして明記されていない状況が起こったとしても、ゴルフの基本理念に準じて、類似した状況のルールを適用しなければならない。その裁定は、つねに他のプレーヤーとの利害関係を考慮した上で「公平なプレー条件」を満たしている必要がある。

規則20条ー3 参照

ゴルフコースの構成

ゴルフは18ホールを1ラウンドとして、その全区域を「コース」と呼び、ティーイング・エリア、ジェネラル・エリア、ペナルティ・エリア、パッティング・グリーン、バンカーの5つの区域で構成される。

規則2条−1 参照

●ジェネラル・エリア

◉ラフ
◉フェアウェイ
◉グラスバンカー
◉サブグリーン
◉修理地

プレーしているホールのティーイング・エリア、ペナルティ・エリア、グリーンを除く部分。砂のないグラスバンカーもここに含まれる（俗に「スルー・ザ・グリーン」と呼ばれる区域）。

○アウト・オブ・バウンズ（OB）

プレーの禁止されている区域。通常、白杭で区切られた杭の内側（コース側）を結んだラインが境界線となる。スタンスは境界線を越えても構わない。

●バンカー ／ ●ペナルティ・エリア

★池
★クリーク
★バンカー

バンカー、池、クリークなど、特別なルールが適用される区域（俗に「ハザード」と呼ばれる区域）。

●ティーイング・エリア

各ホールのスタート地点。2つのティーマーカーの外側を結んだ線とその後方2クラブレングス（ドライバー2本）の区域。

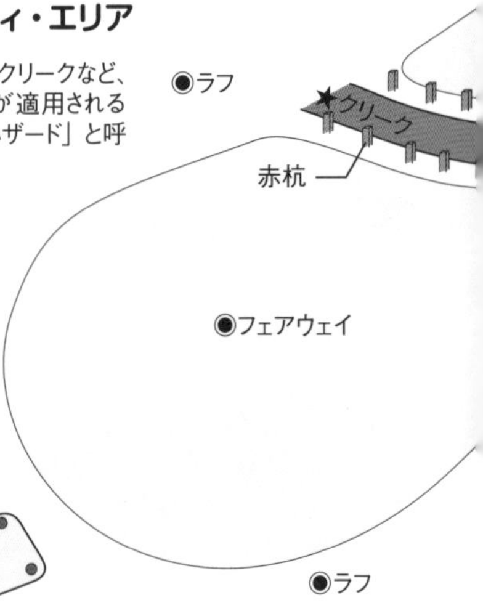

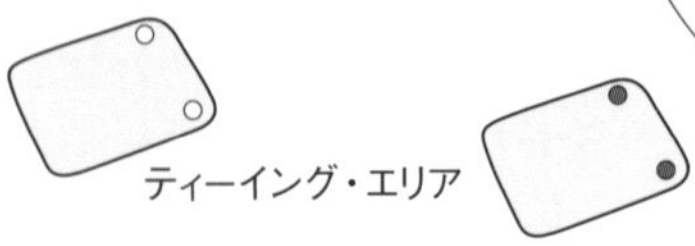

●パッティング・グリーン（グリーン）

プレーしているホールで、パッティングのために芝が短く刈りとられた区域。サブグリーン（予備グリーン）はプレー禁止の修理地に分類される。

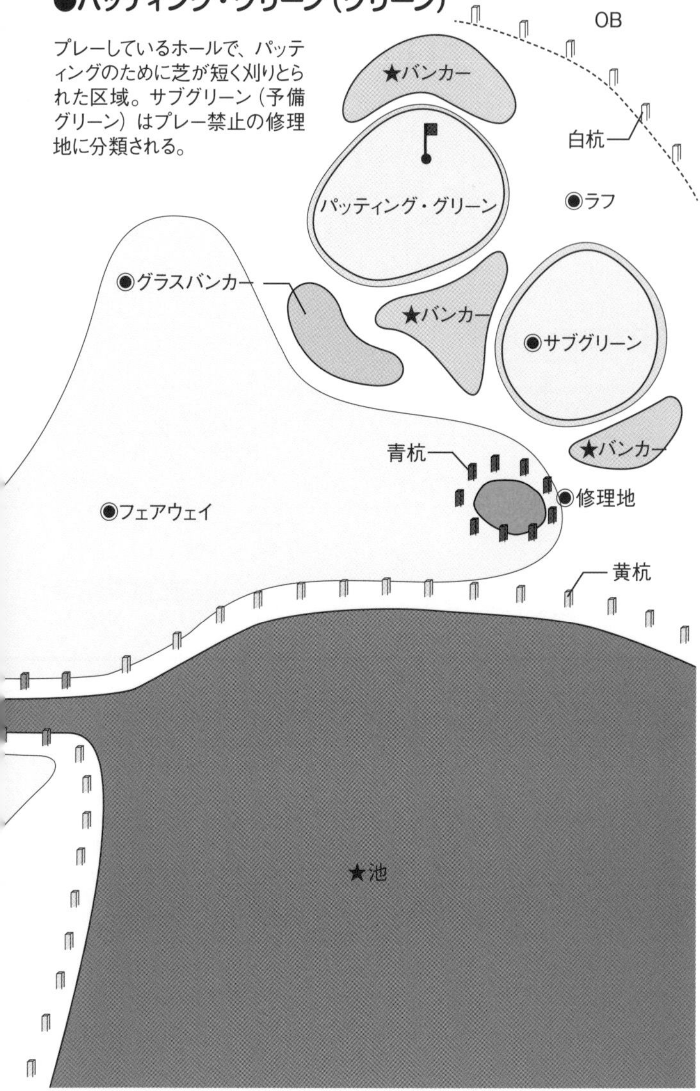

ジェネラル・エリアの境界線

コースには様々な境界線があり、杭や線などで区切られている。境界線を越えているのかいないのかでルールも大きく変わるため、その判断を知っておくことが大切だ。

●OB（白杭）

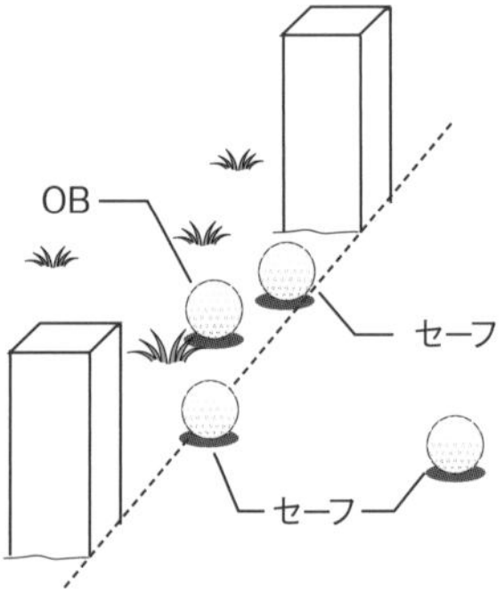

通常、白杭で区切られた杭の内側（コース側）を結んだラインが境界線となる。ボールの一部でも境界線に触れていればインプレーとなる。スタンスは境界線を越えても構わない。杭を抜いたり動かすことはできない。

規則18条ー2a（2）参照

●池（黄杭）、クリーク（赤杭）

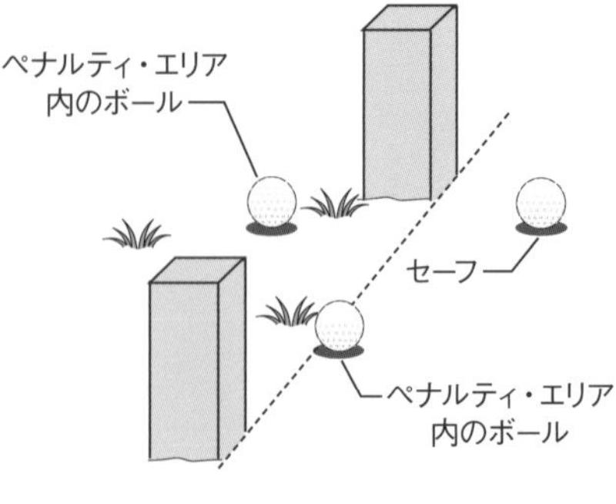

黄色や赤の杭で区切られた杭の内側（コース側）を結んだラインが境界線となり、ボールの一部でも境界線に触れていればペナルティ・エリア内となる。スタンスは境界線を越えても構わない。杭は動かせる障害物で、ストロークやスタンスの邪魔になる場合は動かすことができる。

規則17条ー1a 参照

ゴルフコースの構成

●修理地（青杭）

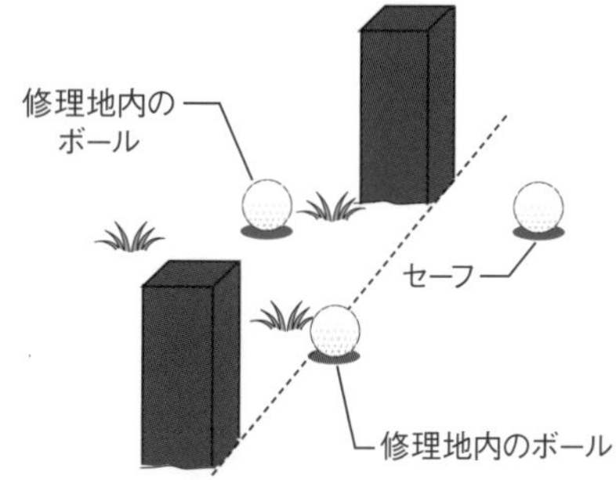

青杭で区切られた杭の内側（コース側）を結んだラインが境界線となり、ボールの一部でも境界線に触れていれば修理地内となる。プレーが許されている修理地の場合はスタンスは境界線を越えても構わない。杭は動かせる障害物で、ストロークやスタンスの邪魔になる場合は動かすことができる。その他、杭などがなくてもコースによってサブグリーンなどプレー禁止区域がある。

●グリーンの境界線

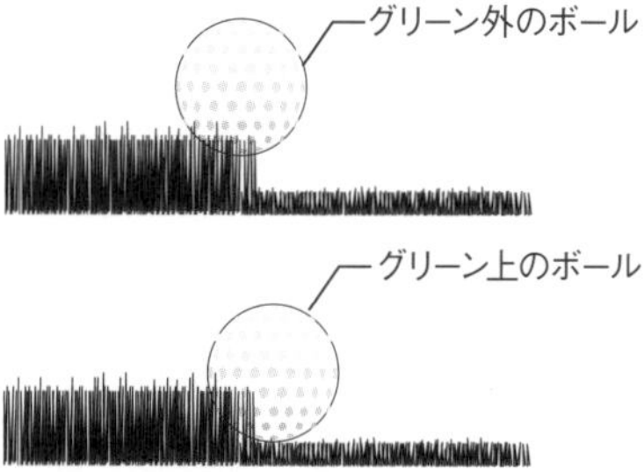

グリーンとカラーの境界線は芝の長さ。芝が短く刈られている部分が「グリーン面」となり、ボールの一部でもグリーン面に触れていればグリーン上のボールとなる。グリーン上のルールが適用される。

規則13条ー1a 参照

●ホール（カップ）

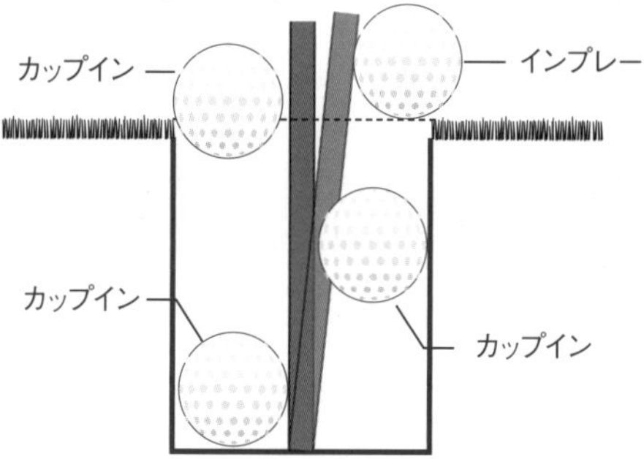

ホールの境界線はグリーン面のライン。ボールの一部が境界線より下にある場合はホールに入っているとみなされる。

規則13条ー2c 参照

罰打と救済処置について

ゴルフでは、ルール違反をすると「罰打」が課される。通常、意図的でないルール違反に対しては「1罰打」、プレーヤーの不注意によるルール違反に対しては「2罰打」と設定されている。

また、「救済」を受ける際に、その対価としての罰打が課されることもある。

規則1条ー3c（2）参照

●「1罰打」になるルール違反

OB、紛失球、池ポチャなど、インプレーのボールがプレーできなくなった場合に「1罰打」が加算される。意図的でないにしろ、そのままプレーを続行すると他のプレーヤーとの公平性がなくなるために罰打が課される。

これらのケースでは、通常、その対処法のなかに「最後に打った場所に戻って打ち直す」という選択肢が含まれている。

しかし、2019年ルール改正から、プロやハイレベルの試合以外では、スロープレーを避ける目的で「前進２罰打」のローカルルールを適用することになった。

●「2罰打」になるルール違反

プレーヤーがルールを遵守していれば起こらないであろう違反に関しては「2罰打」が加算される。もちろん、ルールを知らないことで起こった違反もこれに含まれる。「競技失格」にしないまでも、ペナルティを課す必要がある違反といえる。

よくあるものとして、「誤所からのプレー」や「誤球のプレー」、バンカー内のソール、アドバイスなどが挙げられる。

●「競技失格」になるルール違反

重大なルール違反に対しては「競技失格」という重いペナルティが課されることがある。いくつかの例としては、

・スタート時間から5分以上経過してもティーオフしない
・プレーの中断や再開など指示に従わない
・スコアカードを提出しなかったり、意図的な過少申告
・不当な遅延やスロープレー
・不適合クラブの使用やプレー中のクラブの調節
・練習器具や禁止されている機器などの使用
・ホールアウトせずに次ホールをプレーしたとき
・「マークを拒む」などエチケットに関わる重大な違反
・有利にするためにボールの動きを変えたり、動かしたとき
・誤球や誤所からのプレーで訂正処置をとらなかったとき

などが挙げられる。

●障害物の種類と救済処置

ゴルフルールの「障害物」とはプレーに影響を及ぼすコース内にある人工物のことで「動かせる障害物」と「動かせない障害物」に分類される。しかし、それらがプレーに影響を及ぼすからといってつねに救済が受けられる訳ではない。そのため、どんな障害物が救済の対象で、どのような救済が受けられるのかをしっかり理解しておくことが大切だ。

規則15条―2 参照

●動かせる障害物

「動かせる障害物」は、不当にプレーを遅らせることなく、壊すことなく動かすことができるものとされている。たとえば、ペナルティ・エリアを示す黄色や赤の杭、カート道を示す小さな看板などがそれに該当する。これらがスイングの邪魔になったり、プレーのライン上にある場合は、邪魔にならないところに動かすことができる。

ただし、OBの白杭は簡単に動かせても、ルール上は動かすことができない。動かしてプレーをすると2罰打が加算される。

規則15条―2 参照

●ルースインペディメント

「動かせる障害物」と混同しやすいのが「ルースインペディメント」。ルースインペディメントはコース上にある小石や木の葉などの無意識にとり除いてしまうようなものである。

しかし、ルールで定められたルースインペディメント以外のものをとり除くと違反になることもあるので注意しよう。

規則15条―1 参照

ルースインペディメント

<table>
<tr><th>ルースインペディメント</th><th>そうでないもの</th></tr>
<tr><td>石、木の葉や枝、動物のふん、ミミズや虫など、その放出物や堆積物</td><td>固定物、生長物、地面に固くくい込んでいるもの、ボールの付着物</td></tr>
<tr><td colspan="2">グリーン上の砂とバラバラの土はルースインペディメントだが、それ以外の場所ではルースインペディメントでない。</td></tr>
<tr><td colspan="2">雪と自然の氷 (霜を除く) はプレーヤーの選択でカジュアル・ウォーターかルースインペディメントとして処置できる。露と霜はルースインペディメントでない。</td></tr>
</table>

●動かせない障害物

　クラブハウスや茶屋などの建造物、カートレールや道路、スプリンクラー、排水溝、ベンチ、樹木の支柱などが「動かせない障害物」である。それが直接スタンスやスイングの妨げになれば、無罰でニヤレスト・ポイントから1クラブレングス内でホールに近づかないエリアにボールをドロップできる。
　しかし、単に動かせない障害物がプレーのライン上にあって、打ったボールがぶつかる可能性が高いだけでは救済は受けられないので注意が必要だ。

　また、バンカーや池などのペナルティ・エリア内にあるボールに対しては、「動かせる障害物」の救済は適用されるが、「動かせない障害物」による救済は適用されないので注意しよう。
　人工物であっても、OBを示す白杭やOBラインの役割を果たす塀やネットなど、OBライン外にある人工物はルール上は障害物に分類されておらず救済の対象にならないことも知っておこう。

定義「動かせない障害物」参照

●ドロップの手順とドロップエリア

救済のドロップをする際は、正しい手順で行うことが大切。

①ボールの後ろにマークする

②ニヤレストポイントを決めてマークする

③ドロップエリアを設定してドロップする

④ドロップしてボールが止まったところからプレー

うっかりマークせずにボールを拾い上げると、インプレーのボールに触れたことで1罰打が加算されてしまう。

●ニヤレストポイント

ニヤレストポイントは救済を受ける際、ボールをドロップするエリアを決める基点で、

(a)ボールに最も近い地点であること

(b)ボールのある位置よりホールに近づかない地点

(c)障害を避けてストロークできる地点

以上の3つの条件を満たす必要がある。

注）通常、元の位置にもっとも近い一点がニヤレストポイント。本書ではスタンスをとれない場合などオプションとなるポイントも図示した。

カート道のニヤレストポイント

ボールだけでなくスタンスやスイング区域も障害物（カート道）にかからないようにする。

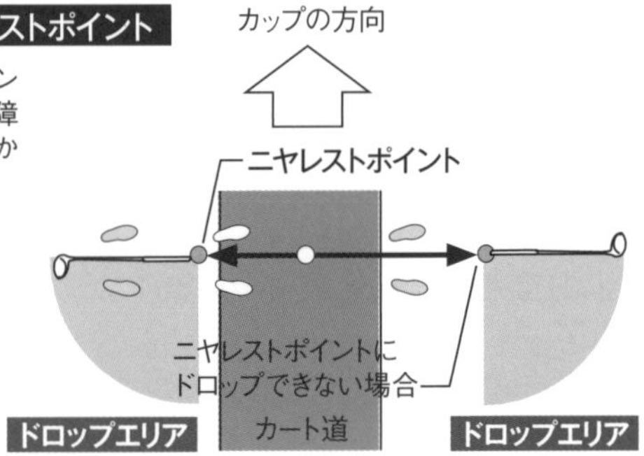

テンポラリー・ウォーターのニヤレストポイント

異常なグラウンド状態からの無罰の救済なのでニヤレストポイントから1クラブレングスとなる。ニヤレストポイントはホールに近づかず、最も近くその障害が避けられる場所にニヤレストポイントを決めるため、ボール後方という場合もある。

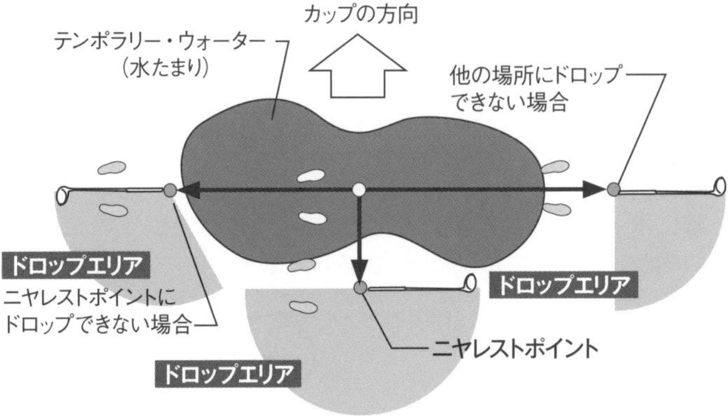

バンカー内のアンプレヤブル

バンカー内でアンプレヤブルとした場合、①元の位置から打ち直す、②ボールとホールを結んだ後方線上にドロップ、③ボールから2クラブレングス以内のホールに近づかない場所にドロップ、の３つの救済から選択してプレーを続行できるが、②または③は、そのバンカー内にドロップしなければならない。

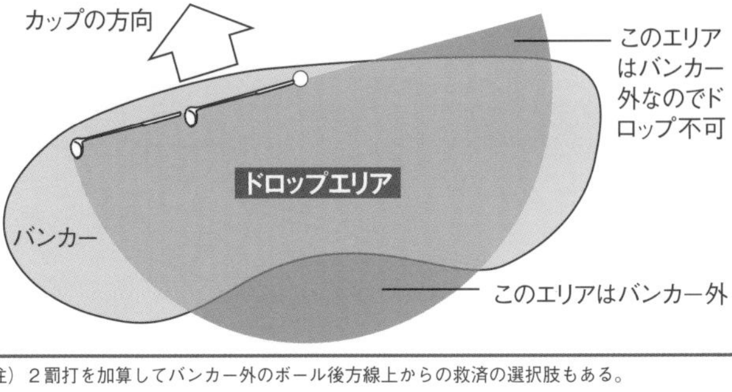

注）２罰打を加算してバンカー外のボール後方線上からの救済の選択肢もある。

●ドロップの方法

ニヤレストポイントを決めたら、そのマーカーを基点に1クラブレングスもしくは２クラブレングス以内でピンに近づかないエリアをドロップエリアとして設定。

ひざの高さからドロップエリア内にボールを落とし、その範囲内にボールが止まれば、そこからインプレーとなる。もし、傾斜などの影響でボールがドロップエリア外に転がり出てしまった場合は再ドロップ。再ドロップでも止まらないようであれば、二度目に落としたときに接地したところにボールをプレースする。

後方線上にドロップする場合は、カップと基点を結んだ延長線にボールが最初に触れた地点から全方向に1クラブレングス以内がドロップエリアとなる（2023年改定）。

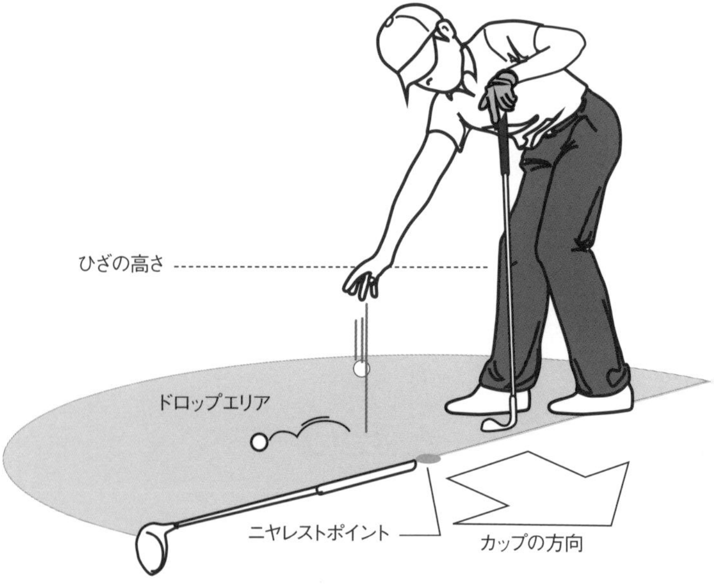

罰打と救済処置について

●ドロップエリア（救済エリア）

　ドロップするときの、1クラブレングス以内、2クラブレングス以内の違いは、ドロップするに至った経緯で決まる。
　たとえば、赤の杭やラインで区切られたペナルティ・エリア内に止まったボールやアンプレヤブルのように、ペナルティの罰打を付加した上でのドロップは、基点やボールのあるところ

修理地（青杭）やカジュアル・ウォーター（1クラブレングス）

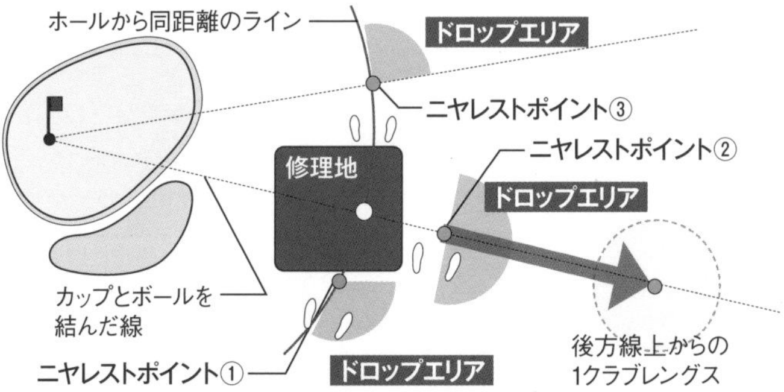

赤杭のドロップ（2クラブレングス）

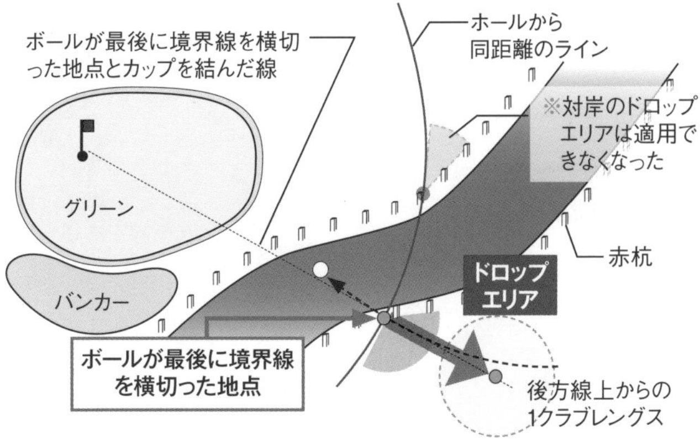

から2クラブレングス（後方の基点からは1クラブレングス）。

黄色の杭やラインで区切られたペナルティ・エリア内、青杭やラインで区切られた修理地、動かせない障害物からの救済などの無罰の救済を受ける場合のドロップは1クラブレングス以内に行うことになっている（黄杭の場合は後方の基点から）。

2019年ルール改定で、クラブレングスを計測するクラブはパターを除く最も長いクラブとなったことから、通常はドライバーで計測することになる。

黄杭（1クラブレングス）とアンプレヤブル（2クラブレングス）

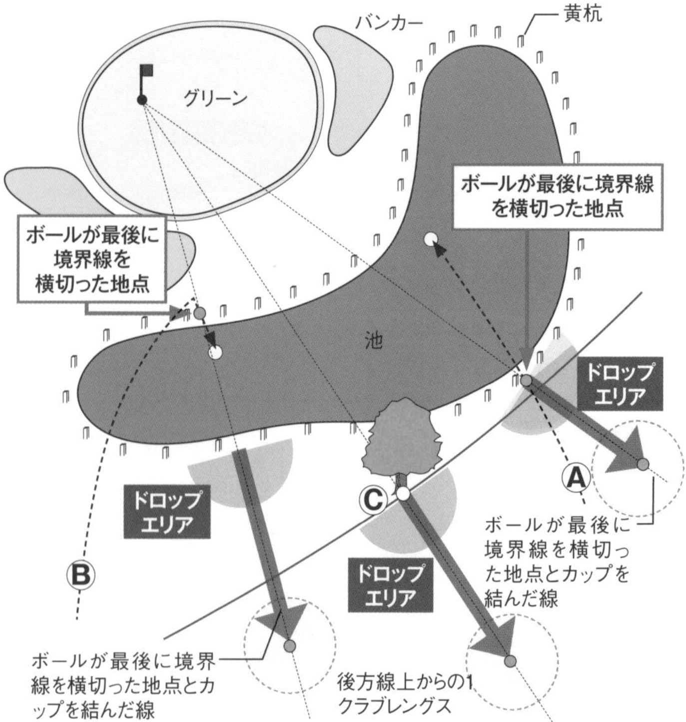

●ゴルフのストローク動作

ルール上、ストロークとは「打つ意思を持ってクラブを振る（スイングする）行為」と定義されている。

ボールを打つときにボールに向けてスイングを開始したら、たとえボールに当たらなくても、クラブのヘッドがボールよりも前に出た瞬間にストロークが成立する。打つ意思を持って空振りをしてしまった場合、ストロークとみなされるため1打とカウントされる。逆に打つ意思のない素振りでボールに当たってもストロークにはならない。

また、ワッグルはもちろん、たとえ打つ意思があってもバックスイングだけではストロークとはみなされない。ただし、止めたスイングで木の枝が折れたり、バックスイングでバンカー内の砂に触れると罰打の対象になる。

●スタンス

2019年改正以降、「アドレス」の定義がなくなった。スタンスに関しては「ストローク準備やストロークを行うときのプレーヤーの足と体の位置」とされている。スタンスをとってから、キャディが飛球線後方に立つこともできなくなった（規則10.2b4）。

WGCメキシコ選手権で、素振り時点までキャディが飛球線後方に立っていたことでペナルティが課せられ、選手たちの抗議により翌日ペナルティを取り消されるなどのトラブルも生じ、解釈が不鮮明な部分も残されている。

ゴルフ用具に関するルール

ゴルフでは、使用するクラブやボールなどに関しても規則が定められており、ルールに適したものを使用することが義務づけられている。これに違反する用具を使用した場合、競技失格になることもあるので注意が必要だ。

●不適合クラブは携帯も禁止

バッグに携帯できるクラブは14本。ラウンドに使用できるクラブは、グリップ、シャフト、クラブヘッドの形状、構造、性能などに関する基準が細かく定められており、それに違反する「不適合クラブ」の携帯や使用が禁止されている。

重量クラブやグリップなどを加工した練習用のクラブなどは不適合クラブとなる。その他、ボールを打つことを目的としない練習器具でスイングをすることも禁じられているので、最初からバッグに入れておかない方が賢明といえる。

使用によって起きる破損で不適合な状態になった場合は適合なクラブとみなされるが、それが意図的に作られたものであれば不適合クラブとなる。

クラブの長さに関しては、18インチ以上48インチ未満と定められている。クラブは市販のものを使用すれば問題ないが、ティーペグにも規定があるのは知らない人も多い。ゴルフショップにはさまざまな形状のティーペグが売られており、一見、何の規定もないように思われるが、実際は4インチ以下と決められている。ティーアップを高くしたいからといって、4インチを超える高さのものを使用することはできないので注意しよう。

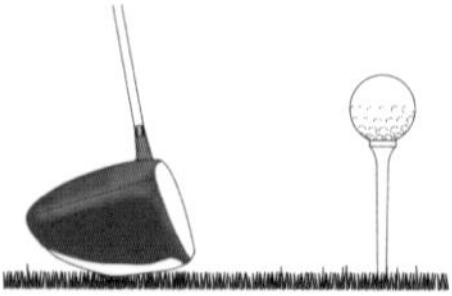

●ラウンド中のクラブの修理や調整

ラウンド中にクラブが破損した場合に限り、
①そのクラブをそのまま使い続ける
②プレーが遅れないことを条件にクラブを修理する
③クラブが使用できない場合、他のクラブととり替える
が許されている。

しかし、クラブを叩きつけるなど通常のプレー以外で損傷した場合は、クラブの修理や交換ができなくなる。

ラウンド前からクラブが破損していた場合、適合したクラブであれば気づいた時点で①または②の選択ができる。

また、重心の位置などを調整できるクラブなどを使用する際に、ラウンド中はもちろん休憩時間に調整することは禁止されている。ヘッドに貼る鉛の位置を変えたり、はがしたりするのも調整となるので気をつけよう。

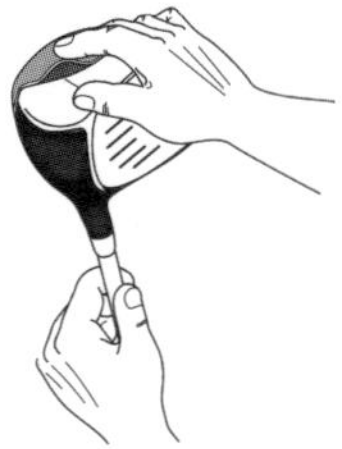

●使用するボールに関するルール

ボールに関しても、重量、大きさ、初速と総合飛距離などの細かい基準が設けられている。しかし、ボールの装飾には規定がなく、矢印やラインなどが描きこまれていても問題ない。同伴競技者と同じボールを使用するときなどは、マークを書き込んで識別できるようにしておこう。

ゴルフのルールを正しく理解する上で、説明によく出てくるゴルフ用語を知っておこう。ゴルフのルールは非常に複雑なため、ルール上で使われる用語の意味を正しく理解しておくことで、ルールを正しく解釈することができる。

●競技者、同伴競技者、局外者、キャディ

「競技者」とはプレーヤー、「同伴競技者」とはプレーヤーと同じ組でラウンドしている他のプレーヤーを意味する。

「局外者」とは競技に関係する人以外のすべてのもの。競技者や同伴競技者のキャディや携帯品、フォアキャディや審判員、ギャラリー、コース内の動物、木、草、石、人工物などを含む。水と風は局外者に含まれない。

「キャディ」はプレーヤーのプレーを援助することが許されている人。共用キャディは他のプレーヤーにプレー上の指示をしているとき以外は、プレーヤーのキャディとみなされ、その携帯品はすべてプレーヤーのものとみなされる。

「フォアキャディ」は委員会が配置したボールの所在やOBの判断などを行う人で局外者に含まれる。

●携帯品

携帯品には、プレーヤーのクラブやキャディバッグ、ウェアなどを含め、すべての持ち物が含まれる。その他、キャディの持ち物や共用カートなども携帯品に属する。

使用しているボール、ボールマーカー、ティーペグなどは携帯品には含まれない。

●動いているボール

2019年改正以降、ルールブックから「ラブオブザグリーン」という言葉がなくなり、「動いている球」と表記されるようになった（規則11）。

もともと動いている球が局外者により偶然に方向を変えられたり、止められた場合を意味しており、慣用句としては現在も使用されている。

2019年ルール改定で変更されたポイントもあるので確認しておこう。このルールでは、グリーン上からのプレーとグリーン以外の場所からのプレーで大きく異なるので注意が必要だ。

	グリーン上から	グリーン以外から
局外者	局外者によって動きが変えられた場合、そのストロークは無効でリプレー。昆虫などの場合は救済なし。	ボールが止まった所からプレー続行。人や動物がボールを持ち去ったり動かした場合は元あった場所にプレース。
旗竿、アテンドした人	方向を故意に変えた（規則11.2a）とみなされる場合2罰打。それ以外は無罰で続行。	無罰でプレー続行。旗竿を抜くためにアテンドした人の場合は2罰打でプレー続行。
自分の携帯品	自分か自分の携帯品により偶然に方向を変えられたり、止められた場合は無罰でリプレースしてプレー続行。	
同伴競技者のボール	2罰打で ボールが止まったところからプレー続行。	無罰でプレー続行。同伴競技者は元あったと思われる場所にボールをプレース。
同伴競技者とそのキャディ	アテンドした場合以外は、そのストロークは無効でリプレー。	無罰でボールが止まったところからプレー続行。
自分と自分のキャディ	故意に止めたり（規則13.2b）アテンドキャディに当たった場合は2罰打で続行。	自分や自分のキャディに偶然当たった場合は無罰でプレー続行。

●紛失球（ロスト・ボール）

プレー中に自分のボールを捜し始めてから3分以内（2019年ルール改定で5分から3分に変更）に見つけられなければ紛失球になる。初めのボールを最後にプレーしたところのできるだけ近くに戻って1罰打で別のボールをプレーしなければならない。

2019年ルール改定から、プロやハイレベルの競技以外においては、スロープレーを避ける目的のローカルルールとして前進2罰打が適用できるようになった。前進2罰打の場合、ボールが飛んだと思われる地点に2罰打を加算して適切な手順でドロップ（P.24参照）してプレーを続行する。

捜索時間の経過後にボールが見つかっても、新たなボールをドロップした時点でそのボールはアウト・オブ・プレーのため、元のボールでプレーを続行することはできない。

●暫定球

打ったボールがロスト・ボールになったり、OBになる可能性が高い場合は暫定球を打つことができる。

プレーしているホールの状況がよく分からない場合、少し歩いたところでOBや紛失の可能性が高まることもある。その場合、最初のボールを打った地点から約50ヤード未満であれば戻って暫定球を打てるようなった。

また、2019年ルール改定でOBに対しても前進2罰打をローカルルールとして適用できるようになった。アマチュアプレーヤーの場合、スロープレーを避けるためにも前進2罰打を適用するのが好ましい。

●ルースインペディメント

ルースインペディメントとは、ゴルフのコース内に散在する自然物を意味する。落葉、木の枝、石、動物のフン、ミミズ、昆虫、その放出物や堆積物など、簡単に動かせて地面に固定されていないものが挙げられる。たとえば、地面に埋まっておらず動かせるものであれば、大きな石であってもルースインペディメントに分類される。

グリーン上では、落葉や小石などに加えて砂やバラバラの土もルースインペディメントに含まれるため、とり除くことが許されている。しかし、カラー（グリーンをとり囲む外枠）はグリーンではないため砂をとり除くことはできないので注意が必要だ。

2019年ルール改正でバンカーやペナルティ・エリア内のルースインペディメントがプレーの邪魔になると判断したら、無罰でとり除くことができるようになった。もし、バックスイングでクラブが触れても無罰だが、故意にライを改善されたとみなされると２罰打となるため、事前にとり除いておくのが賢明だ。

グリーン上でルースインペディメントをとり除く際にボールが動いてしまっても無罰で元の場所にリプレースできるが、グリーン以外の場所では、ルースインペディメントをとり除いたことでボールが動いてしまうと1罰打を加算した上でボールをリプレースしなければならないので注意しよう。

●障害物

障害物には「動かせる障害物」と「動かせない障害物」がある（P.20参照）。

基本的に障害物は人工物とされているが、OB杭やOBラインの役割を果たす塀、壁、ネットなどは人工物でもルール上は障害物とならない。もし、それらが動かせるとしても動かすことは許されておらず、直接スタンスやスイングの妨げになったとしても救済の対象にならない。

スイングやスタンスにかかる場合、プレーのライン上にある場合

動かせる障害物	動かせない障害物
スタンスやスイングを妨げる場合、邪魔にならない場所に移動できる。	スタンスやスイングを妨げる場合、救済処置を受けられる。
プレーの線上にある場合、救済処置を受けられる（OB表示物やOBラインの外にある障害物などを除く）。	プレーの線上にある場合、救済なし。

●ジェネラル・エリア（旧スルー・ザ・グリーン）

ティーイング・エリアからグリーンまでの間の、ペナルティ・エリア（バンカーや池など）を除いたすべての部分。「スルー・ザ・グリーン」と呼ばれていたが2019年ルール改定よりジェネラル・エリアと呼ばれるようになった。

●ペナルティ・エリア（旧ハザード）

バンカー、池、クリークなどの黄色や赤の杭またはラインで区切られた部分。「ハザード」と呼ばれていたが、2019年ルール改定よりペナルティ・エリアと呼ばれるようになった。

2019年ルール改定で、バンカー以外のペナルティ・エリア内での、ソールやルースインペディメントの除去が許されるようになり、基本的なルールはジェネラル・エリアと変わらなくなった。

●OB（アウト・オブ・バウンズ）

「コースの外」を意味する。通常、境界線は白杭かラインで表され、そのラインからボールが完全に外に出ていたら、そのボールはOBとなる（P.16参照）。

OBになった場合、打数に1罰打を加算して、最後にプレーしたところから打ち直す。ティーショットでOBになった場合、次のショットは3打目となる。

2019年ルール改定で、プレーの進行を早めるために前進2罰打をローカルルールとして適用できるようになった。もし、ティーショットの落下点に行ってみてOBだった場合、境界線を横切ったあたりに適切な手順でボールをドロップし（P.24参照）、次は4打目のプレーとなる。一度OBの境界線を越えても、ボールが止まった位置がOB区域外であればインプレーになる。

ドロップ位置やOBの定義はローカルルールで定められている場合も多いので、今までプレーしたことのないコースや大会では、プレー前に確認しておくことが大切。

●修理地

コース内の修理中の場所のことで、青杭もしくは白線で区域が示されている。サブグリーンもこの修理地に含まれる。

修理地にボールが止まった場合、そのまま打つか、無罰で救済を受けることができる。コースによっては芝を保護するために修理地からのプレーを禁じている場合があるので注意しよう。

●テンポラリー・ウォーター（一時的な水）

※旧カジュアル・ウォーター

雨の日などにできるコース上の水たまりやぬかるみのこと。ただし、何度か足踏みをしなければしみ出してこないような水はテンポラリー・ウォーターにはならない。

雪や自然の氷（霜を除く）はプレーヤーがテンポラリー・ウォーターもしくはルースインペディメントの選択をして扱うことができる。

●インプレーのボール

ティーショットされたボールはホールアウトするまでインプレーの状態となる。途中でボールを紛失したり、OBになったり、拾い上げて救済を受ける場合、ボールをドロップしたところからインプレーのボールとなる。

●プレーの線（ライン）

ストロークでボールを飛ばしたい方向を「プレーの線」と呼ぶ。
グリーン上以外では、プレーの線について誰からでも指示を受けることができるが、グリーン上ではパートナーやキャディ以外から指示してもらうことはできない。
いずれの場合も、プレーの線の目印となるものを置いたり、線の延長線上に人を立たせてストロークできない。

●プレースとリプレース

リプレースとはボールを拾い上げた後に元の位置、元の状況でボールを置くこと。プレースとは、元とは異なる場所にボールを置いたり、元とは異なるボールを置くこと。

●誤所と誤球

本来プレーすべきところと異なる場所にドロップやプレースをすると「誤所からのプレー」となる。また、自分のインプレーのボール以外のボールをプレーすると「誤球のプレー」となる。
共にペナルティとして2罰打が加算される。

ゴルフのエチケット&マナー

ゴルフは同伴競技者とほぼ1日を共にプレーするスポーツ。より快適なプレーをするためにも、お互いに気遣うことが大切。そのためにも基本的なマナーを知っておかなければならない。

また、ゴルフは自然の中でプレーするスポーツ。自然を保護するため、また後のプレーヤーが気持ちよくラウンドできるように、プレーの後にコースの状態をきれいに保つ必要がある。

最近は、ルールもプレーファーストに向けて多くの改定がなされている。一般的に9ホールをラウンドするのに2時間15分程度かかるとされている。この時間を基準にスタート時間などが決められている。これを乱さないようにするには、プレー間の行動を素早く行うことが大切だ。

●ティーイング・エリアのマナー

スタートホールでは、スタート10分前にはティーイング・エリアにいるのがマナー。スタート時間に遅れると「2罰打」を加算、5分以上遅れると「競技失格」となる。

また、スタート前に使用ボールを確認し、もし同じボールの場合はペンでマークするなど識別できるようにしておくことが大切。プレー中にボールが識別できなくなってトラブルが生じないようにしておこう。

その他のティーイング・エリアの注意点:

・携帯電話の電源はOFFにする。
・ティーイング・エリアには2人以上立たない。
・ティーショットの際は静かにする。
・打つ人の後ろに立たない。
・素振りでターフをとらない。
・隣コースへ入りそうなら「フォアー!」と叫ぶ。
・同伴競技者のボールの行方をなるべく見ておく。
・前の組に打ち込まないように注意する。
・OBか分からない場合、念のため暫定球を打っておく。
・ティーイング・エリアでも目土をする。

●フェアウェイのマナー

フェアウェイでは、グリーンに遠い人から打つのが基本とされているが、プレーファーストの観点から準備のできた人から順に打つのがマナー。どちらが先に打つか分かりにくいときは、声をかけ合って打順を決めることで安全にプレーできる。

また、コース保護の観点から、無闇にコースを傷つけたり、ゴミを捨てないのはもちろん、ショットの後にターフを戻したり目土をすることも大切。

その他のフェアウェイの注意点:

・前の組と安全な距離があるか確認する。

・ボールが隣コースの場合、隣コースのプレーヤーの邪魔にならない様にプレーする。
・同伴競技者のボールも積極的に捜す。
・練習スイングで無闇にディボットを作ったり、芝を刈りとらない。
・ショット後は目土をする。
・クラブを数本持ってカートを降りる。
・素振りばかりしない。
・同伴者に向かって素振りをしない。
・ボールを捜す場合は３分間とし、見つからない場合はロスト・ボールを宣言する。

●バンカーのマナー

バンカーは歩いただけでも砂に足跡が残ってしまう。ただでさえ打ちにくい場所に足跡などが残っていても直すことができないため、ショット後に砂をならしておくことが大切だ。また、砂が崩れることで「スイング区域やライの改善」とみなされると２罰打が加算されてしまう。

その他のバンカーの注意点：

・バンカーはボールに近い低い位置から入る。
・バンカーに入る前にレーキを準備しておく。
（ショット後にとりに行くと時間がかかる）

・ショット後にしっかりならす。
（櫛部分でならし、最後に裏側で平らにする）
・バックスイングで砂に触ると2罰打が加算される。
・レーキを置く位置に注意する。
（グリーンに向かって縦向きが基本）
（花道には置かない）

●グリーンのマナー

グリーンでも、カップから一番遠い人からパットをするのが基本だが、時間がかかりそうな場合は早く準備できた人からプレーする。また、カップに一番近い人もしくは最初にグリーンに乗せた人が旗竿を抜くのが基本だが、2019年ルール改定で旗竿を抜かずにプレーするのも可能になった。

その他のグリーンの注意点：

・グリーンへ上がったらボールをマークする。
・持ってきたクラブはカート側のグリーンエッジに置く。
（プレーファースト）
・抜いた旗竿はグリーンエッジに置くのが基本。グリーン上に置く際はそっと置く。
・ボールマークがあれば直す。
・携帯電話の電源はOFFにする。
・他人のラインを踏まない。
・他人のラインに陰を落とさない。

・他人のラインの後方・前方に立たない。
・先にホールアウトした人が旗竿を戻す。
・走ったり、足をひきずって歩かない。
・カップの周りは無闇に踏まない。

ボールマークの直し方

グリーンに乗せたときにできたグリーン上の凹みが「ボールマーク」。グリーンに乗ったら直しておくのがマナー。

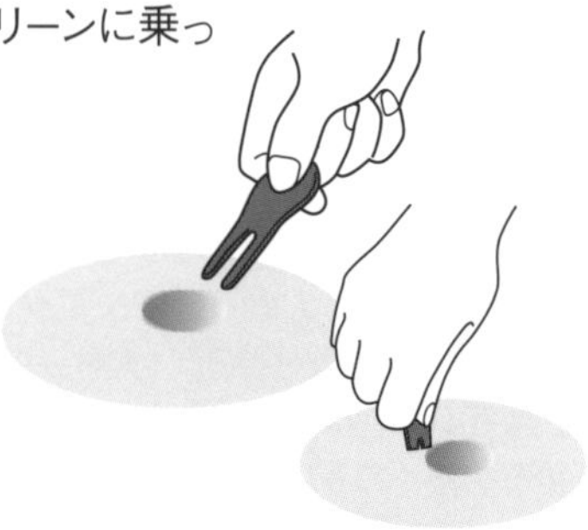

①ボールマーク近くにグリーンフォークを刺し、周囲の地面を中心に引き寄せる。

②凹みがなくなるまで各方向から行う。

③パターのソールで上から押さえて平らにならす。

ボールのマークの方法

グリーン上で他人のライン上にボールがあったり、ストロークの邪魔になるときはマークをするのがマナー。

①ボール後方にマーカーを置く。
②ボールを拾い上げる。

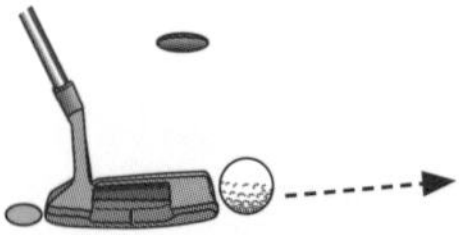

マーカーが邪魔になる場合は目標物を決めてマーク位置をずらす。

PART 2

ティーイング・エリアのルール

CASE ❶

バンカーや池までの距離を同伴競技者に聞いた

罰打 0

コースレイアウトを知らないのでバンカーや池までの距離を同伴競技者に聞いて教えてもらった。

類似した状況

- 定置物である杭、樹木、スプリンクラー、バンカーなどからグリーンまでの距離などを聞く

どうすればいい?

そのままプレーを続行する

バンカーや池などのペナルティ・エリア、OB、カップまでの距離などはコース図などにも表記されているルール上「公知の事実」として、これらを尋ねても「アドバイス」とはならない。しかし、「池を越えるのに何ヤード打てばいい?」などと聞くとアドバイスとみなされ **2罰打** が加算される。

規則10条−2 参照

CASE ❷

同伴者競技者のバッグの中をのぞいて使用クラブを確認した

ショートホールで何番のクラブで打てばいいかがわからなかったので、前のプレーヤーが使っているクラブを知るためにバッグの中をのぞいて、クラブ選びの参考にした。

罰打
0

類似した状況

- 同伴競技者が持っているクラブの番手を見た
- 共用キャディに同伴競技者が使用したクラブの番手を聞いた

どうすればいい?

そのままプレーを続行する

自分の目で見た情報は「アドバイス」とはならない。もし、タオルやカバーなどがかかっていた場合、それをとり除いて見たときは違反となり **2罰打** が加算される。

One Point 同伴競技者全員がショットを終えた後に使用クラブを聞くのはアドバイスとみなされない。

規則10条ー2a 参照

CASE ❸

何番のクラブで打ったかを同伴競技者に聞いた

罰打 2

コースレイアウトを知らないのでバンカーや池までの距離を同伴競技者に聞いたついでに、何番で打ったかを聞いた。

類似した状況

- ●池やバンカーを越えるのに必要なキャリーの距離を聞いた
- ●木に当たらないように高く上げるための番手を聞いた

どうすればいい？

そのままプレーを続行する

同伴競技者に使用クラブを聞いたり教えたりすることは「アドバイス」となり **2罰打** が加算される。アドバイスを与えることができるのはパートナーやキャディだけになる。

One Point 使用クラブや番手だけでなく、キャリーに必要な距離などを聞くのもアドバイスとなるので聞き方に注意が必要。

規則10条ー2a 参照

CASE ❹

気づかずに同伴競技者のクラブを使って打ってしまった

罰打 **2**

自分が打つ順番に気づかずに、焦って近くにあった同伴競技者のクラブでティーショットを打ってしまった。

類似した状況

- 共用キャディに他人のクラブを渡され、打ってしまった
- パターやウェッジを借りて打った

どうすればいい?

クラブを返却してプレーを続行する

プレーヤーはスタート前に選んだ14本以内のクラブを使用しなければならない。故意の場合はもちろん、誤って同伴競技者のクラブを使った場合 **2罰打** となる。その後、同伴競技者にクラブを返さなければ、不使用宣言を怠ったとみなされ **競技失格** になる。

規則4条ー1b（2）参照

CASE ❺

スタート前にクラブヘッドにバランス用の鉛を貼った

罰打 0

最初のティーショットを打つ前にドライバーのヘッドに鉛を貼りつけて重くした。

類似した状況

- スタート後に鉛などを貼ってバランスを調整した
- 途中ではがれた鉛を貼り直した

どうすればいい?

そのままプレーを続行する

第1打を打つ前であれば、クラブに鉛を貼ったり貼ってある鉛をはがしても問題ない。しかし、スタート後に、正当な理由もなく、鉛を貼ったりはがしたりすると**競技失格**となる。

One Point プレー中にはがれてしまった場合、元の位置に貼り直すのは正当な理由とみなされる。

規則4条－1a（3）参照

CASE ❻

知らずにクラブを15本入れたままスタートして途中で気づいた

スタート前にクラブの本数を確認せずにプレーしていたところ、途中でクラブが15本あることに気づいた。

罰打
2/4

類似した状況

- ラウンド終了後にクラブが15本入っているのに気づいた

どうすればいい?

使用しないクラブの不使用宣言をする

プレーヤーはスタート前に選んだ14本以内のクラブを使用しなければならない。違反した場合1ホールにつき **2罰打** 、1ラウンドで最高 **4罰打** となる。そのまま使用したら **競技失格** 。

One Point 途中で気づいた場合、スコアカードの最初の2ホールに2罰打を加算して「不使用宣言」をする。

規則4条ー1b（1）、c 参照

CASE 7

ティーマーカーの位置がおかしいと思ったので位置をズラした

罰打
2 / 失格

ティーマーカーの位置がズレていたので、引き抜いて正しいと思われる位置に直した。

どうすればいい?

元の位置に戻して続行する

コースで定められているティーマーカーの位置を勝手に変えてしまうと **競技失格** になる。ただし、同組の他のプレーヤーがティーショットを行う前に元の位置に戻せば **2罰打** 。

One Point ティーマーカーは1打目を打つまでは動かせないが、2打目以降であれば元に戻すことを前提に動かすことができる。

規則6条ー2b(4)参照

CASE ❽

打つ番まで時間があったので近くでパッティング練習をした

前の組が遅れていて、まだ打つ様子がなかったのでティーイング・エリア近くでパッティングの練習をしていた。

罰打 0/2

類似した状況

●前の組が詰まっていたのでホールアウト後にグリーンで練習した

どうすればいい?

プレー遅延にならなければ無罰

ホールアウト直後のグリーンと次ホールのティーイング・エリアとそれら周辺でパッティングとチッピングの練習をしても構わない。ただし、不当にプレーを遅らせると **2罰打** となる。

One Point 競技規定やコース規定で禁止されているコースもあるので確認しておくことが大切。

規則5条－5b 例外 参照

CASE ❶

周辺の芝をクラブで押さえてならしてからティーアップした

罰打 0

ティーアップする前やティーアップした後に周囲の雑草や盛り上がった部分を直してからティーショットした。

類似した状況

- ティーアップ後に芝の盛り上がった部分を足で踏みならした
- 邪魔な芝を手でむしった

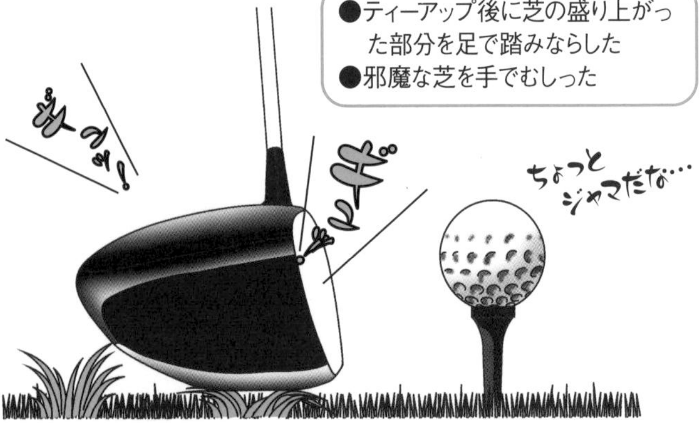

どうすればいい?

そのままプレーを続行する

ティーイング・エリアは本来、芝が短く刈られている部分。ティー区域内に限っては、ティーアップ前後に長く伸びた芝や盛り上がった部分をクラブや足でならすことが許されている。

One Point 1打目に打ち損ねてボールがティー区域内に止まったときも、周囲の芝や地面を修正することが許されている。

規則6条－2b（3）参照

CASE ❷

アドレス後にクラブがボールに当たってティーから落ちた

罰打 0

ティーアップしてヘッドをボールに近づけたら、ヘッドがボールに当たってティーから落ちてしまった。

類似した状況

- ●アドレス後にボールが自然にティーから落ちた
- ●ワッグルのときにヘッドが当たってティーから落ちた
- ●バックスイングの途中で風でティーから落ちた

どうすればいい?

再度ティーアップして続行する

第１打目を打つ前はインプレーではないため、打つ意志がなくボールにクラブが当たってしまった場合はストロークにカウントされない。無罰で再度ティーアップして続行できる。

One Point 「空振り」の場合は打つ意思があるスイングのため、ボールに当たらなくても1打とカウントされる。

規則6条ー2b（5）参照

CASE ❸

スタンスがティー区域からはみ出したまま打ってしまった

罰打 0

ボールはティー区域内にセットしていたが、スタンスがティー区域からはみ出していたことに打った後、気づいた。

類似した状況

- ティーマーカーより前方に足がはみ出ていた
- ボールは区域内にあったが、芝の刈られていない部分にスタンスした

左右のティーマーカーの外端よりクラブ2本分後方までの長方形のエリア

※基準となるクラブはパターを除いた最も長いクラブ。通常はドライバーとなる。

どうすればいい?

そのままプレーを続行する

ボールがティー区域内にセットされていればいいので、スタンスが区域外にあっても問題ない。ティー区域の前方と左右の境界線はティーマーカーの外側のラインとなる。

One Point ティー区域の後方の境界はパター以外の最も長いクラブ2本分のところ。通常はドライバー2本分の長さとなる。

定義「ティーイング・エリア」参照

CASE ❹

クラブを置いて方向を確認してアドレスのスタンスを作った

アドレスと打ち出し方向を合わせるためにクラブを地面に置いてからスタンスを作り、クラブをどけてからティーショットを行った。

罰打 2

類似した状況

- 方向を合わせるためにキャディをボール後方に立たせて確認した
- ボールマーカーなどの目印を置いてアドレスを作った

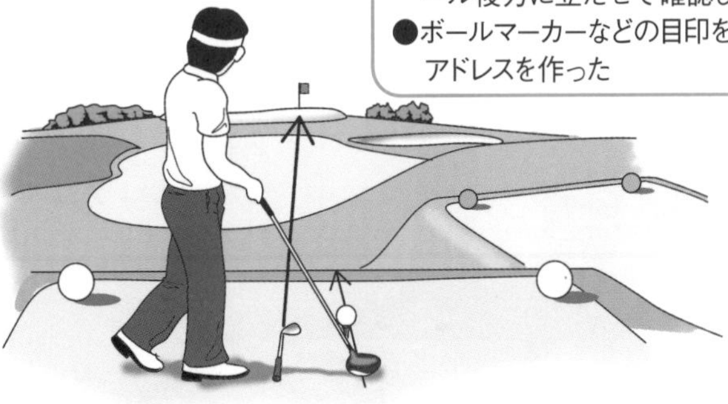

どうすればいい?

物を置いた時点で2罰打

プレーのラインに目標物を置いたり、後方にキャディを立たせてアドレスを作り、打つ前にそれらをとり除いたりアドレスを解いたとしても **2罰打** は加算される。

One Point グリーン上では、スタンスを解いてキャディが離れた後に再びスタンスを作れば無罰になる。

規則10条ー2b（3）参照

CASE ❺

スイングに邪魔だったので木の枝を折ってボールを打った

罰打 2

素振りをしようとしたらバックスイングでクラブが木の枝に当たったので、邪魔な小枝を折ってからティーショットをした。

類似した状況

- 素振りをしたらクラブが小枝に当たって折れてしまった
- 小枝がスイングの邪魔になるので、枝同士を絡ませてクラブに枝が当たらないようにして打った

どうすればいい?

そのままプレーを続行する

ティー区域では地面の不正な場所を直すのは認められているが、区域外の木の枝などをとり除くと「スイングの区域の改善」とみなされて罰打が課される。

One Point 素振りやスイング中に木に当たって枝が折れた場合も「スイングの区域の改善」とみなされる。

規則8条ー1a(1)参照

CASE ❻

ティーショットで空振りしたらボールがティーから落ちてしまった

ティーショットで力んで空振りしたらボールがティーから落ちてしまった。

罰打 0

類似した状況

- 空振りしたがボールがティーから落ちなかった
- 空振りしてティーから落ちたボールを再度ティーアップして打った

どうすればいい?

空振りも1打と数えてプレーを続行

空振りは打つ意思があるスイングなので、ボールに当たっていなくても1打とカウントされる。**無罰**で再度ティーアップ、もしくは落ちたところから第2打目を続行する。

One Point この場合、ボールを交換することも可能。ティーイング・エリア内の任意の地面に置き直すこともできる。

規則6ー2b（6）参照

CASE 7

気づかずにティー区域外にティーアップして打ってしまった

罰打 2

ティー区域の前方にティーアップして打ったら、ボールが境界線からはみ出していた。

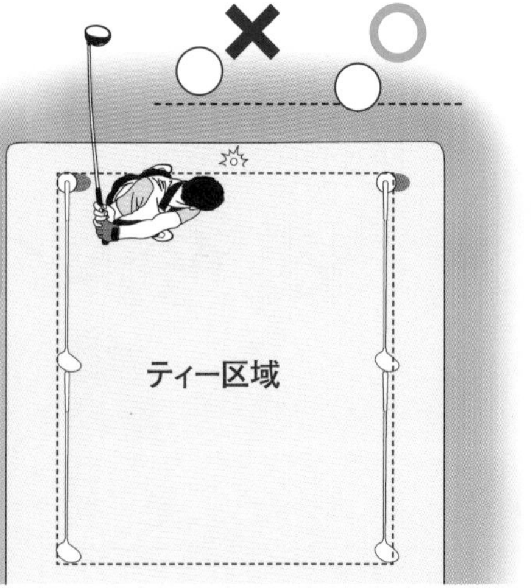

類似した状況

- 打ったボールがOBになった
- ティーイング・エリアを間違えた

左右のティーマーカーの外端よりクラブ2本分後方までの長方形のエリア

※基準となるクラブはパターを除いた最も長いクラブ。通常はドライバーとなる。

どうすればいい？

ティー区域にティーアップして打ち直す

ティー区域内に改めてティーアップして、**2罰打** を加算して第3打目として打ち直す。OBと異なり、1打目はカウントしない。初球がOBになってもOBの罰打を加える必要はない。

One Point ティーマーカーの外側を結んだ境界線に、ボールの一部が少しでもかかっていればティー区域内とみなされて無罰。

規則6条－1b（2）参照

CASE ❽

スイングが力まないように グリップにタオルを巻いて打った

グリップの力みをなくすためのプロの練習を見習って、グリップにタオルを巻き付けて打った。

罰打 0

類似した状況

●雨でグリップが濡れていたので、滑らないようにハンカチを巻き付けて打った

どうすればいい?

そのままプレーを続行する

グローブ、松脂などの滑り止め、ハンカチ、タオルを巻き付けても罰はつかない。ただし、修理の目的のテープ以外を巻き付けた場合はグリップの目安とするための付属品とみなされ、そのクラブで打てば **競技失格** 、所持だけであれば1ホールに対し **2罰打** 、1ラウンドにつき最高 **4罰打** が加算される。

規則4条ー3a(5)参照

CASE 9

ボールを打ち損ねてチョロしたらティーマーカーの横に止まった

罰打 0

ティーショットを打ち損ねてチョロ。ティーマーカーの近くに止まってしまったため第2打目が打てなくなってしまった。

類似した状況

- 打球が近くの木に当たって、ティーマーカーの近くに止まった
- ティーマーカーの前方にボールが止まってテークバックできない
- 空振りしたらボールがティーから落ちてティーマーカーの近くに止まった

どうすればいい？

再度ティーアップして2打目を打つ

空振りを含め、ボールがティーイングエリア内に止まった場合は、再度ティーアップして2打目を打つことができる。エリア外であれば無罰でマーカーを動かせる。

One Point ティーマーカーを抜くときにボールが動いても、無罰で元の位置にリプレースすることができる。

規則6条ー2b（4）参照

CASE ⑩

間違えてレディースティーから打ってしまった

ティーイング・エリアを勘違いして、目の前にあったレディースティーから打ってしまった。

罰打 2

どうすればいい?

ティー区域にティーアップして打ち直す

「出べそ」と同様にティー区域外からのショットになるため、**2罰打** を加算して正しいティー区域からティーアップして打ち直す。ティー区域外からのショットはOBでもカウント不要。

One Point 打ち直さずに次のホールのティーショットを打ったり、最終ホールのグリーンを離れると競技失格になる。

規則6条ー1b（2）参照

CASE ⓫

スイングを途中で止めたがボールに当たってティーから落ちた

罰打 0

ダウンスイングを開始したときに、打ち出し方向を鳥が横切ったので、途中でスイングを止めたら、クラブがボールに当たってしまった。

類似した状況

●素振りをしたらクラブがボールにかすってティーから落ちた

どうすればいい?

無罰でティーアップして打ち直す

インパクト前に思いとどまって途中でスイングを止めた場合は、ボールを打つ意思がないためストロークとはみなされない。インプレーにはなっていないのでティーアップしてやり直す。

One Point インプレーのボールに当たってしまった場合は1打としてカウントし、止まった位置からプレーを続行する。

定義「ストローク」、規則6条－1a 参照

CASE ⑫

長い待ち時間にティー区域外で練習器具で素振りをした

前の組が遅いので、体をほぐそうと思って、カート道の近くでバッグに入れてあったバットでスイングした。

罰打 2／失格

類似した状況

●待ち時間にスイング練習用の器具を使って練習した

どうすればいい？

最初は2罰打、2回目は競技失格

ゴルフに関わる練習器具を使用すると、その状況に関係なく 2罰打 が加算される。2回使用すると 競技失格 。ラウンド中に使用可能な練習器具はストレッチ用のものだけとなる。

One Point ストレッチ用のゴムバンドなどは練習器具とみなされない。タオルでスイングをするのもOK。

規則4条－3（6）参照

CASE ❶

打ったボールがラフや林に入って見つからないかもしれない

罰打
0/1

ティーショットで引っかけて、深い林の方に打ち込んでしまった。OBはないが、ボールが見つからないかもしれない。

類似した状況

●もしかしたらOBになったかもしれない

どうすればいい?

暫定球を告げてティーアップして打つ

ボールを捜しに行く前に「暫定球」を打つ。初球が見つかれば **無罰** でプレーを続行。3分間捜して見つからなければ紛失球となり、初球と暫定球の打数に **1罰打** を加えてプレー続行。

One Point 暫定球なしで紛失球になった場合、ローカルルールでおおよその位置にドロップできる（プロや競技レベルを除く）。

規則18条−3 参照

CASE ❷

同伴競技者に「暫定球」を告げずに打ってしまった

初球が林の方に飛んでいったので、念のため暫定球を打ったが、同伴競技者に告げるのを忘れていた。

罰打 1

類似した状況

●同伴競技者に告げずに暫定球を打ったが初球が見つかった

どうすればいい?

罰打を加えて暫定球でプレー続行

同伴競技者に暫定球を告げずに打った時点で初球は紛失球扱いになる。初球の1打に 1罰打 を加算して、打ってしまった暫定球を第3打目とカウントして暫定球でプレーを続行する。

One Point 告げずに暫定球を打った時点で紛失球となるため、結果的に初球がOBだったとしても打数は変わらない。

規則18条−3b 、規則18条−1 参照

CASE ❸

大丈夫だと思って落下点に行くと実はOBだとわかった

罰打 2

OBまで届かないと思って暫定球を打たずに落下地点に行ってみると、思ったより距離が出ていてOBだった。

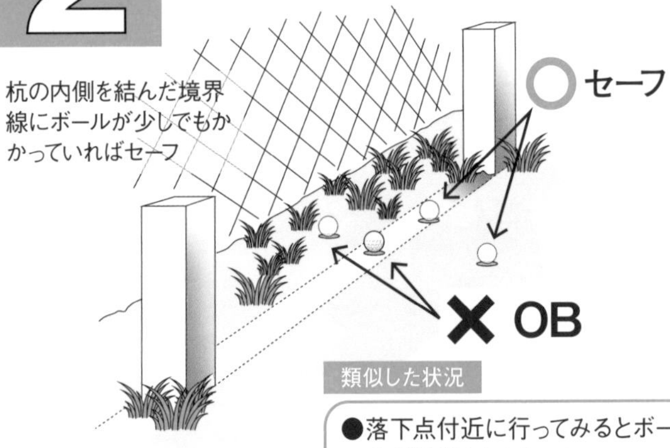

類似した状況

●落下点付近に行ってみるとボールが見当たらなかった

どうすればいい？

2罰打でドロップして続行する

プロやハイレベル競技以外では、ローカルルールが適用され、OBや球を紛失したと思われる場所（最も近いフェアウェイを含む）に適切な手順でドロップ、**2罰打**を加算してプレー続行。

One Point 通常のアマチュアの試合では、スロープレーを回避するため、ティーイング・エリアに戻って打ち直しはしない。

規則18条ー2 参照

CASE ❹

池方向に飛んだボールが見つからないのでドロップした

ティーショットが池の方向に飛び、手前に止まったと思ったが、実際に行ってみるとボールが見つからなかった。

罰打 2

類似した状況

- 池に入ったと思ってドロップして打った後にペナルティ・エリア内でボールが見つかった
- 黄色や赤でマーキングされたペナルティ・エリアでボールが見当たらなくなった

どうすればいい？

2罰打で適切な場所にドロップする

最後に横切ったと思われるペナルティ・エリアの境界線または延長線上に適切な手順でドロップ。池ポチャが確認できていないので、紛失球と同様に **2罰打** を加算してプレー続行する。

One Point 通常のアマチュアの試合では、スロープレーを回避するため、ティーイング・エリアに戻って打ち直しはしない。

規則14条―7 参照

CASE 5

OBの打ち直しのときにヘッドがボールに触れてティーから落ちた

罰打 0

OBを打った後に「暫定球」を宣言し、ティーアップした後にヘッドがボールに触れて、ボールがティーから落ちた。

類似した状況

●OBの打ち直しの前に素振りをしたらボールに当たってティーから落ちた

どうすればいい?

再度ティーアップしてプレーを続ける

ティーイング・エリアではストロークするまでインプレーのボールにはならない。この場合、打つ意思がないのでストロークとはみなされないので、再度ティーアップして第3打目を打つ。

One Point 打ち直しのときも、素振りや風などの影響でボールがティーから落ちたとしても、無罰で再度ティーアップできる。

規則6条−2b（5）参照

PART 3

ジェネラル・エリアのルール

CASE ❶

近くのスプリンクラーからグリーンまでの距離を聞いた

罰打 0

落下点の近くにスプリンクラーのヘッドがあったので、そこからグリーン中央までの距離を同伴競技者に聞いた。

類似した状況

- 表示杭からグリーンまでの距離を聞いた
- 大きな木からグリーンまでの距離を聞いた

どうすればいい?

無罰でプレーを続行する

スプリンクラーのヘッド、表示杭、バンカー、池、樹木などは決まったところにある定置物。定置物からグリーンまで距離は「公知の事実」であるためアドバイスとはならない。

One Point 定置物でない自分のボールからグリーンまでの距離を聞いても構わないが、番手などを聞くと2罰打が加算される。

規則10条ー2 参照

CASE ❷

ラフでボールを捜しているときに誤って蹴ってしまった

ラフに打ち込んだ後に落下地点付近でボールを捜していたら、誤って自分のボールを蹴って動いてしまった。

罰打 0

類似した状況

- ボールを捜索中に誤って同伴競技者のボールを蹴ってしまった
- キャディが誤ってボールを蹴ってしまった

どうすればいい?

元の位置にリプレースして続行

ボールの捜索中に偶然ボールを動かしてしまった場合、無罰で元の位置にリプレースしてプレー続行。適切な処置をせずに故意にボールに触れたり、動かすと 1罰打 が加算される。

One Point 誤って落としたマーカーなどがボールに当たって動いた場合も無罰でリプレースできる。

規則7条－4 参照

CASE ❸

グリーンが見えないので同伴競技者に距離と方向を確認

罰打 0

ボールの落下点からグリーンが見えないため方向や距離がわからないので、打つ前に同伴競技者に打ち出し方向と残りの距離を教えてもらった。

類似した状況

●林の中から打ち出すときにフェアウェイが見えないのでグリーンの位置やフェアウェイの横幅を確認した

どうすればいい?

無罰でプレーを続行する

グリーン上以外での方向や距離は「公知の事実」となるため、同伴競技者やキャディに確認することができる。方向を示してもらう場合は打つ前に移動しないと **2罰打** が加算される。

One Point 残りの距離を伝えるときにクラブの番手を告げたり、示唆するとアドバイスとみなされて2罰打が加算される。

規則10条－2b（1）参照

CASE ❹

ボールを拾い上げたら同伴競技者のものだった

落下点の近くにもう一つボールがあったので、紛失球と思って拾い上げたら同伴競技者のボールだった。

罰打 0

類似した状況

- 同伴競技者のボールが近くにあって自分のボールと見分けがつかないので拾い上げて確認した
- ボールに傷がついていると勘違いして拾い上げた

どうすればいい?

リプレースしてプレーを続行する

同伴競技者から見れば局外者となるため、**無罰** で元の位置にリプレースしてプレーを続行する。また、自分のボールの確認や損傷を確かめることも許されている。

One Point 以前はボールを拾い上げるときに告知が必要とされたが、プレーヤーの「合理的な判断」に委ねられるようになった。

規則9条ー5b 参照

CASE ❺

同伴競技者のボールと同じで見分けがつかなくなってしまった

罰打 1/2

落下点に行ってみると同伴競技者のボールと並んでいて、どちらも同じボールで番号も同じで見分けがつかなくなってしまった。

類似した状況

●落下点に行くと同伴競技者以外の誰かのボールが落ちていて見分けがつかなくなった

どうすればいい?

2罰打を加算して近くにドロップする

合理的な時間（1分間）内に誰のボールか見分けがつかない場合、2つとも紛失球となって、ローカルルールが適用され**2罰打**を加算して近くにドロップしてプレーを続行する。

One Point プロなどのレベルの高い競技では、両者とも1罰打を加えて元の位置から打ち直す。

規則18条ー3c（2）参照

CASE ❻

泥で誰のボールか確認できないので拾い上げてボールを拭いた

打球がぬかるみに止まって泥だらけになってしまったため、ボールを拾い上げて泥を拭きとって自分のボールか確認してリプレースした。

罰打

0/1

類似した状況

- 拾い上げるときにギュッと握って周囲の泥をとり除いた
- 拾い上げて文字の部分だけ指で泥を拭った

どうすればいい?

必要最小限なら無罰、他は1罰打

番号を確認するために必要最小限を拭くのであれば、**無罰**でリプレースできる。必要以上に泥をとり除いた場合は **1罰打** が加算される。元の位置にリプレースしないと **2罰打** になる。

One Point タオルなどを使わなくても、手で握って泥を落とすのも罰打の対象になる。

規則7条ー3 参照

CASE ❼

探しにくいのでショットの前に違う色のボールにとり替えた

罰打 1

ラフに打ち込んだら、ボールの色が芝と似ていて見つけにくかったので、別の色のボールととり替えてから打った。

どうすればいい？

2罰打を加算してプレーを続行する

基本的にインプレーのボールを替えることはできない。ボールを替えて打ってしまった場合 1罰打 を加算して打ったボールでプレーを続ける。かつて2罰打だったが2023年に軽減。

One Point 表面がざっくり切れていたり、ひびが入っている場合、その他の救済でボールを拾い上げたときは交換できる。

規則6条－3b 参照

CASE ❽

排水溝に止まったボールが割れていたので救済時にとり替えた

ボールが排水溝の中に止まっていたので、拾い上げてドロップしようとしたら、ボールにヒビが入っていたので新しいものにとり替えた。

罰打 0

類似した状況

●ボールの表面に細かい擦り傷がたくさんついていたので新しいものに交換した

どうすればいい?

そのままプレーを続行する

ボールに少し傷がついた程度では交換することはできないが、表面がザックリ切れていたり、ひびが入っていたら **無罰** でとり替えることができる。

One Point 通常は、ボールを確認する際にマークをせずにボールを拾い上げてしまったら1罰打が加算される。

規則14条ー2a 例外 参照

CASE 9

確認のためボールにかかった枯葉をどけたらボールが動いた

罰打 1

枯葉が邪魔で自分のボールか確認できなかったので、もしかしたら動くかもしれないと思ったが、枯葉をとり除いて確認すると枯葉をとり除いたときにボールが動いてしまった。

どうすればいい?

1罰打で元の位置にリプレース

とり除くとボールが動くであろうと思われるルースインペディメントをとり除いて動いた場合は **1罰打**。偶然動いた場合は **無罰**。とり除いた物はリプレースする必要はない。

One Point コース内の人工物で「動かせる障害物」であれば、ボールが動いても無罰。

規則7条－1a、規則15条－1a参照

CASE ⑩

ボールに触れているレーキをどかしたらバンカーに入った

バンカー近くでボールがレーキに引っかかって止まっていたので、レーキをとり除いたらボールが転がってバンカー内に入ってしまった。

罰打
0

類似した状況

●ボールに接したタバコの吸い殻をとり除いたらボールが転がってバンカーに入った

どうすればいい?

無罰でリプレースしてプレー続行

バンカーのレーキは「動かせる障害物」なので、ボールが動いても**無罰**でリプレースできる。ボールが転がってしまうからといって押さえつけると**2罰打**が加算されてしまう。

One Point リプレースのときにボールが転がってしまう場合、ホールに近づかずにボールが止まる場所にプレースするのが正解。

規則15条－2a（1）参照

CASE ⓫

スタンスがカート道にかかったまま打ってしまった

罰打 2

ボールがカート道の近くに止まり、救済を受けてドロップ後にスタンスすると足がカート道にかかって打ちにくいが、ボールは芝の上にあるのでそのまま打った。

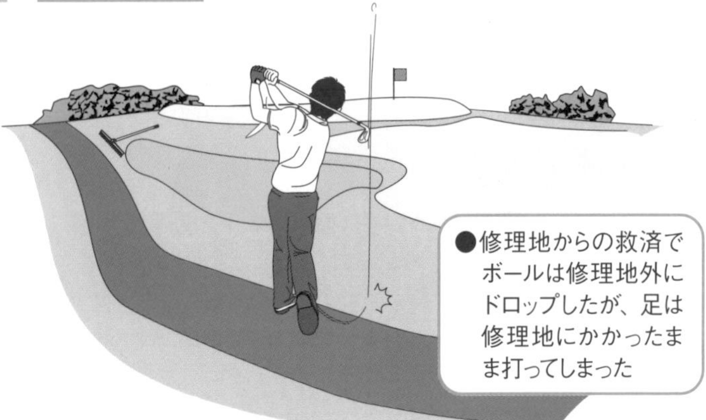

どうすればいい?

2罰打を加算してプレーを続行する

カート道などの「動かせない障害物」に止まったボールは無罰で救済を受けられるが、ドロップ後にスタンスがかかったまま打ってしまうと元の位置とみなされ **2罰打** が加算される。

One Point 救済のニヤレストポイントでも、スタンスがかかっていると、元の位置とみなされ「誤所からのプレー」となる。

規則16条−1f（2）参照

CASE ⑫

救済で拾い上げたときにボールを新しいものに替えた

カート道にボールが止まって救済を受ける際に、とくにボールに傷はなかったが何となく新しいボールに替えたくなったのでとり替えた。

罰打

0

類似した状況

●アンプレヤブルでドロップする際に、気分を変えるために新しいボールでドロップした

どうすればいい?

そのままプレーを続行する

救済や紛失などでドロップする際は **無罰** でボールを替えることができる。ただし、ボールを拾い上げるときにマークを忘れると **1罰打** が加算される。

One Point 確認などで拾い上げたときのボール交換は許されていないので、別のボールを打ってしまうと1罰打が加算される。

規則14条－3a 参照

CASE 13

手が滑ってマーカーが落ち、ボールに当たってボールが動いた

罰打 0

確認でボールを拾い上げようとしたら、手に持っていたマーカーが落ちてボールに当たり、ボールが動いてしまった。

どうすればいい?

無罰で元の位置にリプレース

確認や救済の目的でボールを拾い上げようとしたときに、マーカーやティーペグなどの携帯品が落ち、ボールに当たって動いてしまった場合、**無罰**で元の位置にリプレースできる。

One Point ボールをうっかり動かしてしまっても原因が「マークする行為」そのものに直接結びつけられるときは無罰。

規則9−4 例外2 参照

CASE ⑭

近くの同伴競技者のボールが邪魔で打てない

落下点に行ってみると同伴競技者のボールのすぐ近くに止まっていた。このまま打つと同伴競技者のボールに当たってしまう恐れがある。

罰打 0

類似した状況

- 同伴競技者のボールが邪魔でスタンスできない
- テークバックすると同伴競技者のボールにクラブが当たってしまう

どうすればいい?

マークしてもらいプレーを続行

ジェネラル・エリアでもグリーン上と同様に、プレーの妨げになるボールを拾い上げることが可能。マーカーにクラブが当たってしまいそうであれば、マーカーを移動することもできる。

One Point マークで拾い上げたボールを手で拭いたりとり替えたりすると2罰打が加算される。

規則14条ー1b 参照

CASE ⑮

ボールがOBの金網近くに止まって打てない

罰打 1

OB杭の手前にボールが止まってOBではないものの、テークバックするとクラブが金網に当たって打てない。

類似した状況

- OB杭の外側に建っている茶屋が邪魔でスイングできない
- OB杭の外側の木が邪魔でスイングできない

どうすればいい?

アンプレヤブルにしてドロップする

OB杭の外側にある金網などの「動かせない障害物」でスイングできない場合は救済処置を受けられない。そのままプレーできない場合は 1罰打 を加算してアンプレヤブルにする。

One Point　OB杭の内側に設置された金網やネットなどは「動かせない障害物」なので救済処置を受けることができる。

規則16条ー1 参照

CASE ⑯

ボールが倒れたOB杭の近くに止まり、杭が邪魔で打てない

落下点に行ってみるとボールが倒れたOB杭に接して止まっていた。

罰打

0

類似した状況

●明らかに間違った場所に立っているOB杭が邪魔で打てない

どうすればいい?

倒れた杭をどけてプレー続行

OBの白杭は動かせない固定物だが、本来あるべきところになく放置されているときは「動かせる障害物」と同じ扱いになる。杭をとり除いてプレーしても問題ない。

One Point 本来の位置とは異なる場所に設置されている白杭は「動かせる障害物」となるので、抜いて打つことができる。

規則8条ー1b（2）参照

CASE 17

ボールがOB杭に接していたので杭を抜いて打ち、元に戻した

罰打 2

ボールがOBの白杭に接して止まっていたので、杭を引き抜いて打ってから、杭を元の位置に戻しておいた。

どうすればいい?

2罰打を加算してプレーを続行する

OBの境界を示すOB杭(白杭)は、規則上、障害物ではなく、固定物。動かしたり曲げたり、折ったり壊したりすると、ライやスイング区域の改善とみなされ **2罰打** が加算される。

One Point 距離表示杭、黄杭、赤杭、青杭などは動かせる障害物。OBの白杭だけは固定物となる。

規則8条ー1a (1) 参照

CASE ⑱

ボールが木の支柱の内側に止まって打てない

ボールが樹木の支柱の内側に止まった。木を避けて打つことは可能だが、支柱が邪魔でスイングできない。

罰打 0

類似した状況

●支柱のある木の枝にかかったボールをそのまま打ちたいが、支柱が邪魔でスタンスがとれない

どうすればいい?

無罰で救済してプレーを続行

樹木の支柱は「動かせない障害物」なので、**無罰**で救済を受けることができる。ニヤレストポイントを決めてドロップ区域にドロップする。

One Point ローカルルールによって木の支柱が「動かせない障害物」となっていないこともあるので要注意。

規則16条ー1a（1）、（2）参照

CASE 19

支柱のある木の根元にボールが止まって打てない

罰打 1

ボールが樹木の根元に止まってしまった。しかし、もともとその樹木には支柱（動かせない障害物）が立てられている。

どうすればいい?

1罰打を加算してアンプレヤブルにする

通常、樹木の支柱は「動かせない障害物」で救済を受けられるが、その支柱がなくても明らかに打てない場合は救済の対象から除外される。

One Point カート道にスタンスがかかってしまう場合は無罰で救済処置を受けられる。

規則16条ー1a（3）参照

CASE 20

ボールが木の枝に引っかかってそのままでは打てない

木の上にボールが乗って、自分のボールと確認できたが、そのままでは打てない。

罰打
1/2

類似した状況

- 木の上に乗ったボールが自分のものか確認できない
- ボールは木の上に乗っているが何とか打てそうな位置にある

どうすればいい?

1罰打でアンプレヤブル、落とすと2罰打

木の枝に引っかかった場合、そのまま打てるなら **無罰** でプレー続行。打てない場合はボールの真下を基準にアンプレヤブルの処置を受ける。勝手に落とすと **2罰打** が加算される。

One Point ボールが見えていても、それが自分のものと確認できない場合は「紛失球」となる。

規則19条−1、2 参照

CASE 21

水たまりのボールにアドレスしたときにクラブが水に触れた

罰打 0

フェアウェイにできた水たまりの中に止まったボールにアドレスしたときにクラブが水面に触れてしまった。

類似した状況

●水たまりの中にソールしてからボールを打った

どうすればいい?

無罰でプレーを続行する

水たまりはカジュアル・ウォーターなので、クラブが水面に触れてもかまわない。水面下の地面にソールしても問題ない。バンカー内の水たまりであっても水面に触れても**無罰**。

One Point 水面が揺れてボールが動いた場合は1罰打、バンカー内の水たまりで水面下の地面に触れたら2罰打が加算される。

規則2条ー2 参照

CASE 22

救済を受けようとしたら打てないので元に戻した

救済を受けるためにボールを拾い上げたが、ドロップする場所が見当たらないので、元の位置に戻して渋々プレーを続けた。

罰打 1

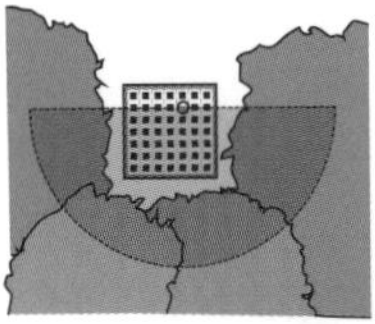

どうすればいい?

元の位置にリプレースしてプレー続行

インプレーのボールを適切な理由なしに勝手に拾い上げたことになるので **1罰打** を加算して元の位置にリプレースしてプレーを続行する。

One Point 誰のボールか判別不能、ボールの傷を確認するなど、正当な理由がある場合以外は拾い上げてはいけない。

規則16条−4 参照

CASE 23

ラフで一緒にボールを捜していた同伴競技者がOBと思って拾い上げた

罰打
0/2

ラフに入ったボールを一緒に捜していた同伴競技者が、OBと言って拾い上げたが、プレーヤーはインバウンズと主張している。

どうすればいい?

競技員に判定を委ねる

口論になって結論がでない場合は競技委員に決定を委ねる。競技委員がいない場合は、そのボールをインバウンズのボールとしてプレーし、ラウンド後に競技員に判定を委ねる。

One Point ラウンド後にOBと判断されたら前進2罰打を適用する。実際は競技者の主張を尊重することが望ましい。

規則9条－5、18条－2b 参照

CASE 24

ボールを捜し始めて4分後にボールが見つかった

ラフに打ち込んだボールがなかなか見つからず、捜し始めて４分後にようやく見つかったのでそのままプレーを続けた。

罰打
1/2

類似した状況

●3分以内にボールを見つけたが、カートにクラブをとりに行った際に再度ボールを見失い、結果的に合計3分以上捜してボールを見つけた

どうすればいい?

「紛失球」として罰打を加算して続行

2019年のルール改定でボールを捜せる時間は3分になった。3分間で見つからない場合は「紛失球」。**1罰打** を加算して元の位置から打ち直すか **前進2罰打** の処理を行う。

One Point 見つけてからボールのところまで行き、確認するための「合理的な時間」1分間が認められる。(2023年改定)

規則18条ー2a (1) 参照

CASE ❶

ラフでアドレスをとるために芝をかきわけたらボールが動いた

罰打 1

ラフでアドレスを作るときに、芝をかきわけてボール近くにクラブヘッドをセットしようとしたらボールが動いてしまった。

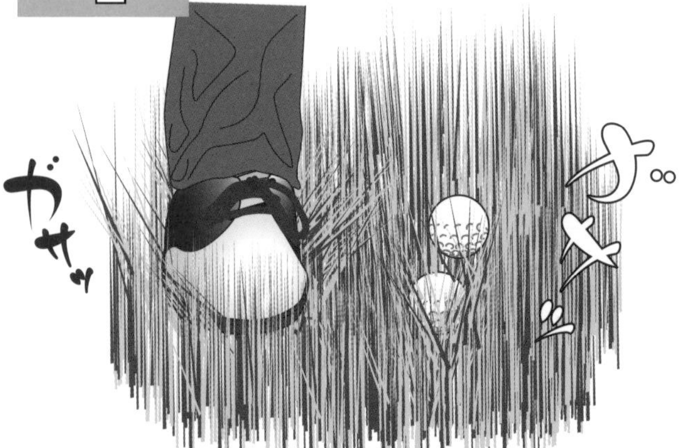

どうすればいい?

元の位置にリプレースする

ボールが動いてもプレーヤーが原因でない場合は **無罰** だが、この場合は明らかにプレーヤーが原因。**1罰打** が加算されて元の位置にリプレースする。

One Point 長い芝にボールが浮いているような場合は、ソールせずにヘッドを浮かせてセットするのが賢明。

規則9条ー4 参照

CASE ❷

動物が掘ったと思われる土盛りがショットの邪魔になる

ボールがモグラの穴の入り口近くに止まっていたため、そのままテークバックするとクラブが土盛りに当たってしまう。

罰打 0

類似した状況

- ボールがモグラの穴に入って場所がわからない
- ボールが刈りとられた芝の山に入ってしまった

どうすればいい?

無罰で救済処置をとってプレー続行

モグラの穴など動物による「異常なグラウンド状態」がスイングやスタンスの妨げになる場合は **無罰** で救済を受けられる。穴に入って紛失した場合も救済を受けることができる。

One Point 位置を確認できない場合はニヤレストポイントを決めて救済する。すべて「修理地」と同様の扱いとなる。

規則16条−1 参照

CASE ❸

足でボールの後方の芝を踏みならしてから打った

罰打 2

フェアウェイに止まったが、ボール後方に刈り残しの長い芝があって打ちにくかったので、足で踏みつけてならしてから打った。

どうすればいい？

2罰打を加算してプレーを続行する

コース内では「あるがままの状態でプレーする」のが原則。足やクラブで芝を押さえる行為はスイング区域やライの改善となるため **2罰打** が加算される。

One Point 完全に地面からはがれているターフや木の葉などの動かせる障害物を移動するのはOK。

規則8条ー1a（1）参照

CASE ❹

ヘッドに貼った鉛がはがれたので元の位置に貼り直してから打った

フェアウェイウッドのヘッドに貼ってあった鉛がはがれかけて危険だったので古いのをはがし、新たなものを元の位置に貼ってから打った。

罰打

0／失格

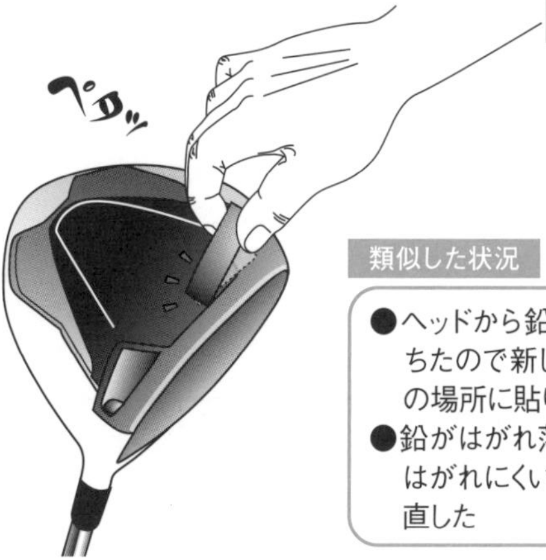

類似した状況

- ヘッドから鉛がはがれ落ちたので新しいものを元の場所に貼り直した
- 鉛がはがれ落ちたので、はがれにくい場所に貼り直した

どうすればいい?

元の位置に貼り直すか、はがれたままプレー

ヘッドに貼った鉛がはがれてしまった場合、元の位置に貼り直すか、はがれたままプレーするかを選択。新たなものでも元の位置であれば**無罰**。貼る位置を変えると**競技失格**。

One Point 鉛がはがれかけ、そのままプレーすると危険な場合は、鉛をはがしてもクラブの性能を変えたとみなされない。

規則4条ー1a（2）参照

CASE ❺

目の前のめくれていたディボットが邪魔だったので引きちぎった

罰打 2

ボールの目の前にめくれたディボットがあったので、引きちぎってから打った。ちぎったディボットはショット後に元に戻しておいた。

類似した状況

- ●ボールの近くにあるディボット跡を目土で埋めてから打った
- ●ボールの近くにあるターフが邪魔だったのでどかしてから打った

どうすればいい?

2罰打を加算してプレーを続行する

ディボットは完全に切れていなければ成長物。ちぎったら「スイング区域の改善」で **2罰打** が加算される。最初から完全に切れていればルースインペディメントで **無罰** でどけられる。

One Point スイング中に当たってしまってもスイングを止めなければ無罰。スイングを中断したら2罰打が加算される。

規則8条－1a（3）参照

CASE ❻

枝がスイングの邪魔になるので枝同士を絡ませてから打った

木の近くに止まったボールを打とうとしたら、バックスイングが木の枝に当たるので、枝同士を絡ませて邪魔にならないように打った。

罰打 2

類似した状況

- 小枝が邪魔なので折ってからスイングした
- バックスイングで小枝が折れたのでスイングを中断した

どうすればいい?

2罰打を加算してプレーを続行する

枝を折ったり、絡ませたり、曲げることは「スイング区域の改善」で **2罰打** が加算される。スイング中にクラブや体が当たって曲がっても、スイングを止めなければ **無罰** になる。

One Point 例外として、スタンスをとるときに結果的に木や小枝が押しのけられてしまった場合は無罰でプレーを続行できる。

規則8条－1a（1）参照

CASE 7

枝が邪魔だったが気にせずにスイングしたら枝が折れた

罰打 0

スイングすると近くの木の枝に当たりそうだったが気にせずにボールを打ったら、小枝が折れてしまった。

どうすればいい?

そのままプレーを続行する

スイング動作中に小枝が折れてしまった場合は「スイング区域の改善」に当たらないため罰打は課されない。途中でスイングを止めてしまうと改善とみなされ **2罰打** が加算される。

One Point 例外規定で、ストローク開始後または引いたクラブでそのままストロークが行われた場合、プレーヤーは無罰となる。

規則8条ー1 参照

CASE ❽

アドレスしたときにヘッドがボールに触れてボールが揺れた

ボールに合わせてアドレスをとったら、ヘッドがボールに当たってボールが揺れたが、転がりはしなかった。

罰打
0

類似した状況

- ●素振りをしていたらボールにクラブが当たっていないのにボールが動いた
- ●アドレスのときにヘッドがボールに当たったが、ボールは揺れただけで動かなかった

どうすればいい?

そのままプレーを続行する

アドレスでソールしたとき、素振り、ワッグルなど打つ意思がないときに、クラブがボールに当たってボールが揺れても、動かなければ **無罰** でプレーを続行できる。

One Point クラブが当たって少しでもボールが動いてしまった場合は、1罰打を加算して元の位置にリプレースする。

規則10条ー1d 参照

CASE 9

アドレスしたらクラブがボールに触れていないのに動いた

罰打 0

アドレスをとったところで強い風が吹いてボールが転がり始めた。

類似した状況

- アドレス後に転がり始めたボールがクラブに当たってしまった
- アドレス後に動き始めたボールをそのまま打ってしまった

どうすればいい?

止まった位置からプレーを続行する

ボールが動いた原因がプレーヤーでない場合、ボールが動いたところから **無罰** でプレー。動いているボールが偶然クラブに当たっても **無罰**。故意に止めたり打ってしまうと **2罰打** が加算される。

One Point バックスイングを開始後に動き出したボールを打ってしまった場合は無罰になる。

規則9条ー3 参照

CASE ⑩

ラフのアドレスでソールしたときにボールが沈んだ

深めのラフで芝の上に浮いたボールにアドレスしたら、その場でボールが少し沈み込んでしまった。

罰打 1

どうすればいい?

1罰打を加算して元の位置にリプレース

ソールしたことでボールが動いた場合は、プレーヤーが原因でボールが動いたとみなされるため **1罰打** を加算して元の位置にリプレースする。

One Point ラフでボールが浮いていて動く恐れのある場合はソールせずにヘッドを浮かせたまま構えるのが賢明。

規則9条−4b 参照

CASE ⓫

傾斜地で立ちにくいので足場を作ってから打った

罰打 2

急な斜面にボールが止まり、スイングするとバランスを崩しそうなので、足で踏みつけて軽く足場を作ってから打った。

類似した状況

- ボールが木の枝に引っかかって届かないので共用カートに上がって打った
- 地面にひざをついて打つときにズボンが汚れないようにタオルを敷いた

どうすればいい?

2罰打を加算してプレーを続行する

足場が悪いからといって、地面を蹴って凹ませたり、足を乗せるために石や空き缶などを使用したり、タオルを敷いて打つと「スイング区域の改善」とみなされ **2罰打** が加算される。

One Point ボールを打つ前に改善した部分を元の状態に戻せば罰打は加算されない。

規則8条－1 参照

CASE ⑫

斜面でクラブを杖代わりに歩いていたらクラブが折れた

急斜面を登るときにクラブを杖代わりにしていたら、クラブが折れてしまった。

罰打 0

類似した状況

- バッグからクラブを出すときに引っかかってシャフトが折れた
- スイング中に大ダフリしてクラブが折れた
- フォロースルーが木に当たってクラブが曲がった
- ミスショットで頭にきてクラブを地面に叩きつけたら折れた

どうすればいい?

復元や交換が可能

通常のプレー中にクラブが損傷した場合、プレーを不当に遅らせることがなければ、元のグリップ、シャフト、ヘッドを使用したままの復元や新たなクラブと交換が認められる。

One Point 例外としてプレーヤーが地面に叩きつけるなど故意に破損した場合は交換は認められない。

規則4―1 参照

CASE ⑬

ショットの後にOBエリアにボールがあったことに気づいた

罰打 2

ボールがOBギリギリのところに止まっていたので、安心して普通に打った後に、実はOBエリアにあったことに気づいた。

類似した状況

●打った後にアドレスがOB位置だったことに気づいた

どうすればいい?

2罰打を加算して正しいOB処置をとる

OBになった時点で初球はインプレーでなくなるので、「誤球のプレー」で 2罰打 を加算して、正しい場所にドロップしてプレー再開。スタンスがOB区域でもボールがセーフなら無罰。

One Point 暫定球を打っていた場合は、2罰打を加算して暫定球でプレーを再開する。

規則14条－7a 参照

CASE ⓮

素振りでクラブが当たっていないのにボールが動いた

ボールの横で芝をかすらせるように素振りをしたら、ボールに触れていないのに動いてしまった。

罰打 1

類似した状況

●素振りのときにクラブがボールにかすって動いてしまった

どうすればいい?

1罰打を加算して元の位置にリプレース

ボールが動いた原因がプレーヤーと特定できる場合は、それが故意でなくても 1罰打 が加算される。誤ってボールをかすめてしまったときも同じ処置となる。

One Point 風や水によって動かされた場合は無罰でボールが止まったところからプレーを再開する。

規則9条ー4b 参照

CASE 15

スイング中に動き出したボールをそのまま打ってしまった

罰打 0

スイングを開始した後に風でボールが少し転がったが、動作に入っていたためそのまま打ってしまった。

類似した状況

- スイング開始後にボールが動いたので空振りした
- スイング中にボールが動いたのでスイングを途中で止めた

どうすればいい?

無罰でそのままプレーを続行する

バックスイング開始後に動き始めたボールを打ってしまった場合は、**無罰**でそのままプレーを続行する。スイングを止めた場合は**無罰**で止まったところからプレーする。

One Point 空振りの場合、空振りを1打とカウントしてボールが止まったところから次打としてプレーを続行する

規則9条ー1b 参照

CASE 16

ラフで打ち損ねてボールに2回クラブが当たってしまった

ラフでザックリして打ち損ねたボールがもう一度クラブに当たって2度打ちになってしまった。

罰打 0

類似した状況

- 打ったボールがスイング中にシャフトに当たった
- スイング中にクラブにボールが3回当たった

どうすればいい?

そのままプレーを続行する

2019年のルール改正でストロークの間に偶然2回以上ボールに当たることへの罰打はなくなり、プレーヤーは単に球を打つために行った1ストロークをカウントするだけでよい。

One Point 打ったボールが木にはね返ってクラブに当たった場合も無罰でプレーを続行できる。

規則10条ー1a 参照

CASE ⑰

打ったボールが木ではね返って自分に当たった

罰打

0

林の中から打ったボールが木に当たってはね返り、自分に当たってしまった。

類似した状況

- 木にはね返ったボールが持っているクラブに当たってしまった

どうすればいい?

ボールが止まった位置から続行する

ボールが木に当たってはね返る方向は予測できないため**無罰**。打球が当たる可能性がある場所にある自分や他人の携帯品をどかさずに打って当たってしまうと**1罰打**が加算される。

One Point 以前は自分のキャディ、競技のパートナー、ティーペッグやマーカー以外の所持品などに当たると1罰打が加算された。

規則11条－1 参照

CASE ⑱

打ったボールが前方に立っていた同伴競技者に当たった

打つときにシャンクして斜め前方に立っていた同伴競技者に当たってしまった。

罰打
0

類似した状況

●シャンクしたボールが共用キャディに当たってしまった

どうすればいい?

ボールが止まった位置から続行する

プレーヤーには前方の安全を確認してから打つ義務がある。しかし、シャンクして思いがけない方向に飛んでしまった場合などは事前の予測ができなかったので偶然と解釈できる。

One Point マッチプレーの場合は、そのショットを無効にして元の位置からリプレーを要求する権利が相手に生じる。

規則11条ー1 参照

CASE ⑲

打ったボールが前方に置いたバッグに当たってOBを逃れた

罰打 0

ラフから打ち出そうとしたときに、木に当たってはね返ったボールが、たまたま前方に置いてあった自分のバッグに当たってOBにならずに済んだ。

類似した状況

- 打ったボールが自分のバッグに当たってフェアウェイに出た
- 打ったボールが同伴競技者のバッグに当たってOBになった

どうすればいい?

ボールの止まった位置から続行

2019年のルール改定で動いているボールが偶然に人やものに当たって影響を受けた場合でも、**無罰**でボールが止まった位置からプレーを再開することができるようになった。

One Point マーカーやティーペグに当たっても罰打はない。また、ドロップのときに当たった場合は無罰でドロップのやり直し。

規則11条ー2a 参照

CASE 20

打ったボールが共用カートに当たってフェアウェイに出た

ラフ方向に向かって飛んだボールがカート道の木の陰にキャディが停めた共用カートに当たってフェアウェイに止まった。

罰打

0/1

類似した状況

- カート道で視界の開けたところに自分が停めたカートにボールが当たった
- 同伴競技者が停めたカートにボールが当たった

どうすればいい?

ボールの止まった位置から続行

カートも携帯品のひとつとして扱われる。自分や自分のキャディ（共用キャディを含む）が停めたカートに故意にボールを当てた場合は **1罰打** が加算される。

One Point P.112と同様にボールが当たる可能性がないと思われる位置にカートを停めていた場合は無罰になる。

規則11条ー1a、2a 参照

CASE 21

打ったボールが作業車に当たってOBになってしまった

罰打 1/0

打球が大きくスライスしてカート道付近に停まっていたコースの作業車両に当たってOB区域に出てしまった。

類似した状況

●打ったボールがカート道を走っている作業車両に当たった

どうすればいい?

ボールの止まった位置から続行

コースの作業車は同伴競技者や同伴競技者の携帯品などと同様の「局外者」。当たる可能性があるにも関わらず打って当たった場合は **1罰打**、偶然当たった場合は **無罰** で続行する。

One Point OBになった場合はOBの処置をする。当たる可能性がある場合は移動するのを待たなければならない。

規則11条ー1a、2a 参照

CASE 22

打ったボールがフェアウェイにある同伴競技者のボールに当たった

罰打 0

打ったボールがフェアウェイに止まっていた同伴競技者のボールに当たってしまった。

類似した状況

- 打ったボールがグリーン上に止まっている同伴競技者のボールに当たってしまった

どうすればいい?

ボールの止まった位置から続行

ボールが止まったところからプレーを続行。ボールがカップインした場合はそのままホールアウトとなる。同伴競技者は元あったと思われる場所にボールをプレースする。

One Point グリーン上から打ったボールが同伴競技者のボールに当たると2罰打が加算される。

規則11条ー1、2 参照

CASE 23

同伴競技者と同時に打ったボール同士が当たってしまった

罰打 0

離れたところから、たまたま同じタイミングで打った同伴競技者のボールと落下点付近で当たってしまった。

類似した状況

●先に打ってまだ転がっている同伴競技者のボールに当たった

どうすればいい？

ボールの止まった位置から続行

動いている2つのボールがぶつかったときには、双方それぞれぶつかって動いたボールが止まった地点から **無罰** でプレーを続ける。

One Point グリーン上では、他のプレーヤーのボールが静止しないうちに自分が打つと2罰打が加算される。

規則11条ー1、2 参照

CASE 24

グリーンから遠い同伴競技者より先にボールを打ってしまった

同伴競技者の方が自分のボールよりグリーンより遠くに止まっていたが、自分の方が先にボールにセットできたので先に打った。

罰打 0

類似した状況

- 自分より前にいる同伴競技者が打とうとしていたので打ち終えるのを待った

どうすればいい?

準備できた人から打つのがマナー

通常、ホールから遠い人が打つのがマナーだが、打つまでに時間がかかりそうなときはホールに近い人が先に打ってしまっても問題ない。プレーを遅らせないように配慮しよう。

One Point 前方に人がいるときは、十分な安全確認を行ってから打つことが大切。

規則6条ー4 参照

CASE 25

自分のボールと思って打ったら実は同伴競技者のものだった

罰打 2

落下点近くに自分のボールと同じ銘柄のボールがあったので自分のボールと思って打ったら、その後に本当の自分のボールが見つかった。

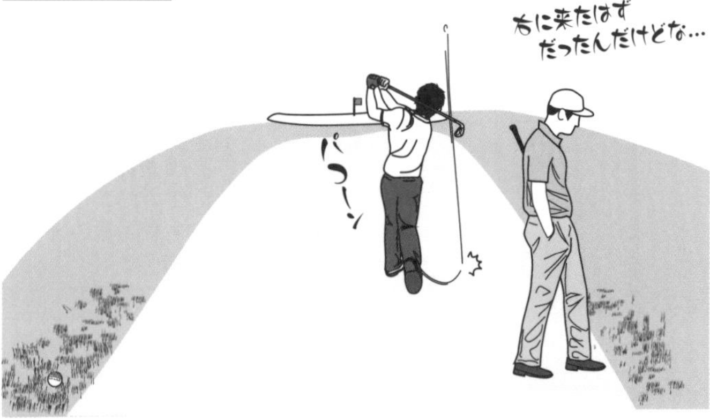

どうすればいい?

2罰打を加算して正球を打ち直す

誤球を打った打数は数えずに「誤球のプレー」の **2罰打** を加算して、自分のボール（正球）を打つ。誤球された側は罰打なしに元の位置にリプレースしてプレーを続行する。

One Point 元の位置が不明の場合、ボールがあったと思われる地点の近くでホールに近づかないところにドロップする。

規則6条ー3c（1）参照

CASE 26

隣ホールのフェアウェイに打ったボールをそのまま打ち戻した

罰打 0

ティーショットが大きく曲がって隣ホールのフェアウェイにボールが止まったが、そのままプレーしているホールに打ち戻した。

類似した状況

- 隣ホールに打ち込んだボールを別組のプレーヤーが拾い上げた
- 隣ホールに打ち込んだボールを持ち去られた

どうすればいい?

OB区域外ならどこからでも打ち戻せる

OB杭を越えて打ち込んでもフェアウェイに止まっていれば打ち戻すことができる。ボールを拾い上げられたときは落下点にリプレース。わからない場合は落下点付近でドロップする。

One Point 隣ホールのグリーン上からはそのまま打てないので救済処置をとる。そのまま打つと競技失格。

規則2条ー2 参照

CASE 27

ドロップ後に初球が見つかったので初球でプレーを続けた

罰打 3

紛失球と思ってドロップした後にキャディが初球を見つけてくれたので、初球に戻ってプレーを続けた。

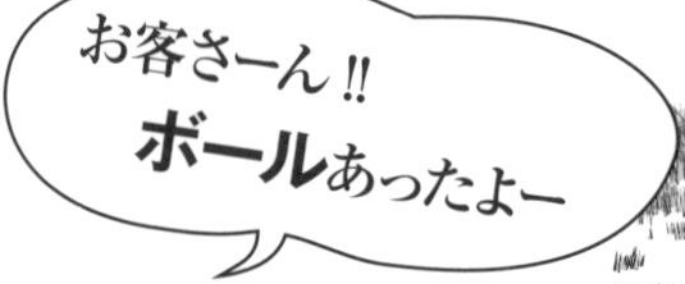

どうすればいい?

ドロップしたボールでプレー続行

ドロップやプレースした時点でインプレーとなり、3分以内に初球が見つかっても「紛失球」のため **1罰打** が加算される。初球をプレーすれば「誤球のプレー」で **2罰打** が加算される。

One Point 初球がティーショットの場合、打ち直しをするまではインプレーではないため初球でプレーすることができる。

規則14条－4 参照

CASE ❶

一度、空振りしてから アンプレヤブルを宣告した

罰打 1

木の根元近くにボールが止まったが打てると思ってスイングしたら空振り。やっぱりアンプレヤブルにすることにした。

類似した状況

- ティーショットで打ち損ねて近くの木の根元に止まったボールを空振りし、アンプレヤブルにした

どうすればいい?

空振りも1打、さらに1罰打でドロップ

空振りもプレーの一部なので、「ボールを最後にプレーしたところ」でアンプレヤブルの処置をとる。空振りを1打とカウントした上で **1罰打** を加算してドロップする。

One Point ティーショット後の第2打目を空振りした場合、再度、ティーアップしてしまうと「誤所からのプレー」となってしまう。

規則19−1 参照

CASE ❷

紛失したと思っていたボールが実はカップインしていた

罰打 0

グリーン方向に飛んだボールが見当たらなくなったのでドロップしてプレーを続けたが、カップを見ると初球がカップインしていた。

どうすればいい?

初球がカップインした時点でホールアウト

暫定球でプレーを続けていたとしても、初球がカップインした時点でホールアウトとなるため、初球のスコアが採用される。ドロップしたボールでプレーしたストロークはカウントしない。

One Point 暫定球がカップイン後に初球が見つかった場合、ボールを拾った瞬間にインプレーなのでカップインが認められる。

規則1条ー1 参照

CASE ❸

ボールを打った後にターフを戻して整えたら実はOBだった

打った後にターフを戻して落下点に行ってみると実はOBになっていた。

罰打 2

どうすればいい？

最後に境界線を越えた付近にドロップ

OBの境界線を越えた付近に適切な手順でドロップ、2罰打を加算して続行（前進2罰打）。その場所から打ち直すとOBの1罰打に加え、プレー区域の改善の2罰打が加算される。

One Point プロなどの競技レベルの高いゲームでは1罰打を加算して、元の位置に戻って打ち直す。

規則8条−1 参照

CASE ❹

初球が見つかったにも関わらず暫定球でプレーを続けた

罰打 2

深いラフに打ち込み、初球が3分間で見つからなかったので、そのまま暫定球でプレーを続けていると予想以上に飛んでいた初球が見つかったが、暫定球でプレーを続けた。

類似した状況

- 暫定球を打った後に歩いていると、予想以上に飛んでいた初球が見つかったので初球でプレーを続けた
- 初球は見つかったが暫定球の方が打ちやすいので暫定球でプレーした

どうすればいい?

初球を紛失球、暫定球でプレー続行

3分の捜索時間を超えた時点で暫定球がインプレーとなる。初球をプレーしてしまうと「誤球のプレー」で、さらに**2罰打**が加算。改めて暫定球でプレーを続ける。

One Point 紛失球の判定は、3分以上捜して見つからない場合。3分以内でも「紛失球」を宣言した場合となる。

規則18条ー3c (3) 参照

CASE ❺

足でボコボコした地面を踏みならしてからドロップした

アンプレヤブルで救済を受けようとしたが、ドロップエリアの地面がボコボコしていたので足で踏みならしてからドロップした。

罰打 2

類似した状況

- ラフにドロップするときにボールが沈まないように長い草をかきわけてからドロップした

どうすればいい?

2罰打を加算してプレーを続行

ドロップする場所を足でならしたり邪魔になりそうな土や砂をとり除くと「ドロップ区域の改善」とみなされ **2罰打** が加算され、そのままドロップしたボールでプレーを続行する。

One Point 枯葉や小枝などの動かせる障害物（ルースインペディメント）をとり除くことは認められている。

規則8条−1a（3）参照

CASE ❻

初球が見当たらなかったのでドロップしてプレーを続けた

罰打 2

落下点に行ってみるとボールが見つからなかったので、ボールが飛んだあたりにドロップしてプレーを続けた。

類似した状況

●紛失球と思ってドロップしたボールを打った後に初球が見つかった

どうすればいい?

初球を紛失球としてプレー続行

2019年ルール改定より前進2罰打がローカルルールとして公式に認められるようになった。紛失球と同様に、落下点に行ってみたらOBだったときにも適用できる。

One Point ドロップしたボールを打った後に初球が見つかっても、初球は紛失球扱いとなるため、打ったボールでプレーを続行。

規則18条−2 参照

CASE 7

傾斜地で2回ドロップしたが転がってエリア内に止まらない

救済を受けて指定区域にドロップしたボールが転がって元の位置に戻ってしまった。2回目のドロップでもやはり同じだった。

罰打
0

類似した状況

●アンプレヤブルで2回ドロップしたが、2回とも元の位置に止まってしまった

どうすればいい?

無罰でドロップ区域内にプレースする

2回目にドロップしたときにドロップエリア内にボールが止まらなかった場合、2回目のドロップで最初に地面に接したところにボールをプレースすることができる。

One Point リプレースした球が一旦止まった後に動きだした場合は無罰で最初に止まった位置にリプレースする。

規則14条ー2e 参照

CASE ❽

ラフでドロップしたボールが転がってバンカーに入った

罰打
0

スプリンクラーの上に止まってラフにドロップしたが、ボールが転がってバンカー内に入ってしまった。

類似した状況

- ドロップしたボールが転がって池に入った
- ドロップしたボールが転がってOB区域に入った

どうすればいい?

バンカーに入らないように再ドロップ

ジェネラル・エリアでドロップしたボールがバンカー、池、OB区域などに転がった場合は再ドロップが必要。そのまま打つと「誤所からのプレー」となって **2罰打** が加算される。

One Point 再ドロップしたボールが再びバンカーに入った場合は、2回目のドロップの落下地点に近い場所にプレースする。

規則14条ー3c 参照

CASE ❾

ドロップしたボールが地面に食い込んでしまった

水たまりにボールが止まってカジュアル・ウォーターの救済でドロップしたが、雨でぬかるんでいたのでボールが地面に食い込んでしまった。

罰打 0

類似した状況

●ラフのぬかるみでボールが地面に埋まってプレーできなくなった

どうすればいい?

無罰で後方にドロップしてプレー続行

バンカー以外のジェネラル・エリアでボールが地面に埋まった場合、無罰ですぐ後方にドロップ。直後にジェネラル・エリアがない場合、ホールに近づかない最も近い所にドロップする。

One Point 救済処置となるため、ドロップする際に新しいボールと交換することができる。

規則16条−3 参照

CASE ⑩

池の上に飛び出た木の枝にボールが乗ってしまった

罰打 1

池の上に飛び出た枝の上にボールが引っかかってしまった。

どうすればいい?

1罰打で救済を受けてプレー続行

池やクリークの場合、ペナルティ・エリアの境界線は、垂直にその上下も含まれるため、**1罰打** を加算して池に入ったときと同様な救済処置を受けることができる。

One Point そのまま木の上のボールを打てるようなら無罰で打つことができる。

規則17条ー1a 参照

CASE 11

カラスがボールをくわえて飛んでいってしまった

フェアウェイに止まったボールをカラスがくわえて飛んでいってしまった。

罰打 0

類似した状況

●コース内に入ってきた犬がボールを動かしてしまった

どうすればいい?

無罰で元の位置にリプレース

カラスに限らずコース内の動物は「局外者」なので、ボールを動かされたり、紛失しても罰打は課されない。元の位置にリプレースしてプレーを続行する。

One Point 元にあった場所が正確にわからない場合は、ボールがあったと思われる場所にドロップ。この場合も罰打はない。

規則9条ー6 参照

CASE ❶

フェアウェイにある松ぼっくりをコース外に向かって打った

罰打 0

落下地点に歩く途中に松ぼっくりが落ちていたので、同伴競技者のショットを待つ間にラフに向かって2個打ち出した。

どうすればいい?

1~2個であれば無罰でプレー続行

たまたま落ちていた松ぼっくりを1~2個打っても練習とはみなされない。何個も集めてきて打つと **2罰打** が加算される。

One Point スタート後の練習は、ホールアウト後のグリーン、その付近の練習グリーンや次ホールのティーイング・エリアでのパッティングとチッピングのみ許されている。

規則5条ー5a 参照

CASE ❷

プレーに影響しない練習場のボールをコース外に打ち出した

コースに隣接した練習場から飛んできたと思われるボールが落ちていたのでコース外に打ち出した。

罰打 0

どうすればいい?

1~2個であれば無罰でプレー続行

練習場から飛んできたと思われるボールを打つのはコース整備とみなされ 無罰 。しかし、ここでも何個も集めてきて打った場合は練習とみなされて 2罰打 が加算される。

One Point コース外に打つのはいいが、コース内に打った場合はたとえ1球であってもも練習とみなされ2罰打が加算される。

規則5条－5 参照

CASE ❸

思わず「やはり○番で打っておけばよかった」と叫んでしまった

罰打 0/2

近くに自分のショットを終えた同伴競技者がいたが、セカンドショットでグリーンに乗らなかったので「やっぱり○番で打っておけばよかった!」とつい叫んでしまった。

類似した状況

- 近くの同伴競技者より先に打ち、グリーンをオーバーしたので、思わず「○番じゃ大きかったか!」と言った

どうすればいい?

同伴競技者が打った後なら無罰

近くの同伴競技者がすでに打ち終えた後であればアドバイスとはみなされない。しかし、近くに同伴競技者がいて、打つ前であれば **2罰打** が加算される可能性が高い。

One Point たとえ独り言であったとしても、大声で発してしまうとペナルティになることがあるので注意しよう。

規則10条－2a 参照

PART 4

バンカー／ペナルティ・エリアのルール

CASE ❶

バンカー内で間違えて同伴競技者のボールを打った

罰打 2

バンカー内に目玉になったボールを打ち終えたら、実はもう一つ目玉になっているボールがあり、打ったのは同伴競技者のボールだった。

どうすればいい?

打った球を元に戻し、正球でプレー続行

「誤球のプレー」となるため、**2罰打** を加算した上、自分のボールでプレーを続行する。打ったボールは、元の位置に戻してライも元通りに復元しなければならない。

One Point ボールの確認は無罰で行えるので、必ず自分のボールかを確認してから打つことが大切。

規則6条－3c 参照

CASE ❷

同伴競技者のバンカーショットでボールにかかった砂をとり除いた

バンカー内の後方から同伴競技者がショットしたときにボールに砂がかかって埋もれてしまったので、拾い上げて砂を払って元の状態にリプレースした。

罰打 0

どうすればいい?

そのままプレーを続行する

自然現象以外の他者によって、ボールが止まったときのライとプレーのラインが変えられた場合は、**無罰** で元の状態に戻すことができる。マークすればボールを拾い上げるのも可。

One Point バンカー以外でも同伴競技者が飛ばしたターフがボールに乗ったときなども元に戻すことができる。

規則7条ー1 参照

CASE ❸

ボールの周囲にある小枝や枯葉をとり除いてから打った

罰打
0

落下点のバンカーに入ってみると、ボールの周囲に風で飛ばされてきた枯葉や小枝が散らばっていたのでとり除いた。

類似した状況

- ボールに引っかかっていた枯葉をとり除いて打った
- 枯葉をとり除いたらボールが動いた

どうすればいい?

無罰でプレーを続行する

従来、ペナルティ・エリア内のルースインペディメントは動かしたりとり除くことはできなかったが、2019年ルール改定で無罰でとり除くことができるようになった。

One Point ルースインペディメントをとり除く際にボールが動いてしまった場合、1罰打を加算して元の位置にリプレースする。

規則15条ー1 参照

CASE ❹

バンカー内でボールに触れているゴミをどけたらボールが動いた

バンカー内に飛ばされてきたタバコの吸い殻にボールが引っかかって止まっていたので、吸い殻をとり除いたらボールが動いてしまった。

罰打 0

類似した状況

●バンカー内に残されたレーキにボールが寄りかかっていたため、レーキをとり除いたらボールが動いた

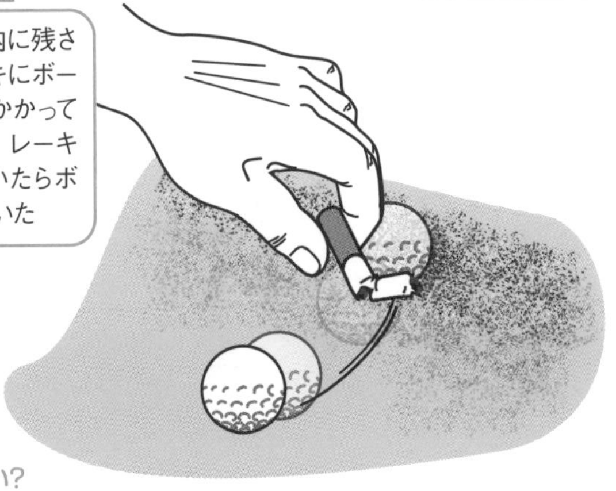

どうすればいい?

無罰で元の位置にリプレースする

バンカー内のゴミやレーキは「動かせる障害物」。それらをとり除くことでボールが動いた場合、**無罰**でボールを元の位置、元の状態にリプレースする。

One Point 元の位置にボールが止まらない場合、バンカー内の正しいエリアにドロップする。

規則15条ー2a 参照

CASE ❺

使わないクラブをバンカー内に置いて打った

罰打

0

バンカー内の状況を見て打つためにウェッジを2本持ってバンカーに入り、使わない方のクラブをバンカー内に置いて打った。

類似した状況

●バンカー内にレーキを持ち込んで砂の上に置いてから打った

どうすればいい?

無罰でプレーを続行する

バンカー内のボールに影響しないところにクラブを置くことは問題ない。置くときに砂に突き刺したり、砂を掃いたりすると砂のテストやライの改善とみなされ **2罰打** が加算される。

One Point 一度バンカー内に持ち込んだクラブやレーキを置き直すと砂質テストとみなされ2罰打が加算されることもある。

規則12条－2b（2）参照

CASE ❻

バンカー内にたまっている水たまりの中にボールが入った

バンカーに行ってみるとバンカー内に前日の雨水がたまっていてその中にボールが入っていた。

罰打 0

類似した状況

●まっすぐピン方向に打とうとするとスタンスがバンカー内の水たまりにかかってしまう

う、打てない.....

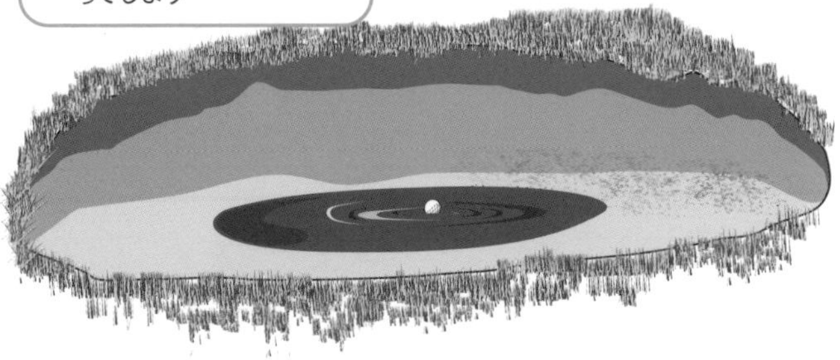

どうすればいい?

バンカー内にドロップしてプレー続行

バンカー内であっても水たまりはテンポラリー・ウォーター。そのまま打ってもよいが、無罰 で救済処置を受けられる。この場合、ホールに近づかないバンカー内にドロップする。

One Point 拾い上げるときにボールについた泥を拭きとることができる。バンカー全面水浸しなら1罰打でバンカー外にドロップ。

規則16条ー1c 参照

CASE ❼

バンカー内でテークバックしたら後方のアゴにクラブが当たった

罰打 2

アゴのすぐ近くに止まったボールを打とうとしたときに、テークバックしたら後方のアゴにクラブが当たってしまった。

どうすればいい？

2罰打を加算してプレーを続行する

ルール上では「ストロークはクラブの前方への動き」。つまり、テークバックはストロークではなくストローク前の動作となるため、砂に触れたとみなされ **2罰打** が加算される。

One Point バンカーの壁を補強するために並べられた枕木などの人工の構築物に当たっても罰打は課されない。

規則12条ー2b 参照

CASE ❽

バックスイングのときにクラブが砂に触れたがそのまま打った

バンカーショットのときに、バックスイングでクラブのソールが砂に触れたが、そのままボールを打ってしまった。

罰打 2

類似した状況

●バックスイングがバンカー内に落ちていた枯葉に当たったが、そのまま打った

どうすればいい?

2罰打を加算してプレーを続行する

バンカー内のボールを打つ前やバックスイングでクラブが砂に触れるとスイング区域の改善とみなされ **2罰打** を加算し打ったボールでそのままプレーを続ける。

One Point 打ったボールがOBになった場合は、さらに1罰打を加算して打ち直すか、前進2罰打の処置をとる。

規則12条ー2b 参照

CASE ❾

ボールに影響しない場所でクラブで砂を叩いた

罰打 0

バンカーショットがミスショットになり脱出に失敗。思わずカッとなってバンカー内のボールから離れたところにクラブを叩きつけた。

どうすればいい?

そのままプレーを続行する

2019年ルール改定で罰打がなくなった。しかし、ストロークプレーに影響する状態を改善、悪化したとみなされた場合は **2罰打** が加算される。

One Point 無罰ではあるもののマナー違反であることに変わりない。その際、クラブが損傷すれば使用不可となる。

規則12条ー2b（2）参照

CASE ⑩

バンカーの傾斜で両足が水平になるように足を埋めた

バンカーの傾斜でスタンスが不安定だったので、両足が水平になるくらいまで足を砂に潜らせてスタンスを作ってから打った。

罰打 2

類似した状況

- バンカーのアゴからのショットで足場が不安定なので、傾斜に足を潜り込ませた

どうすればいい？

2罰打を加算してプレーを続行する

スタンスをとるときに両足をしっかり据えることは認められているが、スタンスの場所を作ってはならない。この場合、両足を水平にするために側面の砂を崩したことになる。

One Point どの程度まで砂を動かせるかの基準は示されていないが、必要以上に足を潜り込ませると砂のテストとみなされる。

規則8条ー1b（6）参照

CASE ⓫

砂をならしていたところにアゴにあったボールが落ちてきた

罰打 0

バンカーショットを打って何とか脱出したものの、すぐ近くのアゴにボールが止まった。打ち終えて砂をレーキでならしているところに、ボールが転がって落ちてきてしまった。

どうすればいい?

無罰でプレーを続行する

ボールが一度バンカーの境界線を越えているので、砂をならして問題ない。砂をならしたところにボールが落ちてきてもライの改善にはならないので、そのままプレーを続行する。

One Point ボールがバンカーから出ていないのに砂をならし、そこにボールが転がり落ちてきた場合は2罰打が加算される。

規則12条－2b（3）参照

CASE ⓬

バンカーのアゴにボールがめり込んで打てない

バンカーのアゴの部分にボールがめり込んでいたため、自分では打てそうにない。

罰打 1

類似した状況

- ●目玉になってボールが打てない
- ●アゴ近くに止まってボールが打てない

どうすればいい？

バンカー内にドロップまたは打ち直す

バンカー内のアンプレヤブルでは、ボールとホールを結んだ後方線上、またはホールに近づかない２クラブレングス内のバンカー内のエリアにドロップしなければならない。

One Point バンカーショットが苦手な人は、元の位置から打ち直す、バンカー外の後方線上から2罰打で打つ選択肢もある。

規則19条−3 参照

CASE ⑬

砂に埋まったボールを確認するために拾い上げた

罰打 0

バンカーに入ったように見えたので落下点に行くと、目玉になったボールがあったが、自分のボールか確認できないため拾い上げた。

類似した状況

- バンカーに行くと目玉になっているボールが二つあったので、拾い上げて確認した

どうすればいい？

確認後、元のライに戻してプレー続行

確認のためにボールにかかった砂の一部をとり除くことは許されている。それでも確認できない場合は、マークして拾い上げ、確認後にリプレースして元のライに戻せばよい。

One Point 完全に埋まっていたボールを戻す際に、ボールの一部を見えるようにしておくことも許されている。

規則14条－2d 参照

CASE ⓮

打ったボールがOBになったので砂をならした場所にドロップした

バンカーから打ち出したボールがOBになったので、バンカー内にできたショットの凹みをレーキで直してからドロップした。

罰打 0

どうすればいい?

そのままプレーを続行する

ボールがバンカーから出た時点で砂をならすことができる。OBになったとしてもボールはバンカー外に出ているので、バンカー内の禁止規定に触れずに砂をならすことができる。

One Point OBの恐れがあるときに暫定球を打つ前にも無罰で砂をならすことができる。

規則12条－2b（3）参照

CASE ⑮

ボールに被さっていたゴミをとり除いたらボールが動いた

罰打 0

バンカーに行ってみると風で飛ばされたビニール袋がボールに被さっていた。袋をどけると下にあったボールが動いてしまった。

類似した状況

- バンカー内にあったビニール袋の上にボールが止まっていた

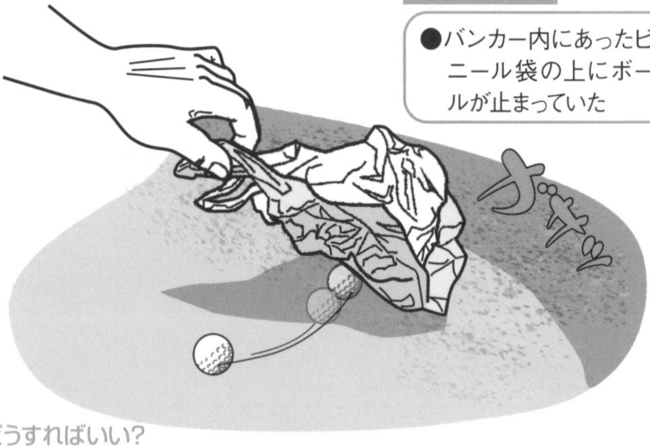

どうすればいい?

無罰で元の位置にリプレースする

ボールが動いた原因が障害物をとり除いたことに直接的に結びつけられるときは **無罰** 。バンカー内の元の位置にリプレースしてプレーを続行する。

One Point 動かせる障害物の中や上にある場合、ボールを拾い上げてその障害物をとり除いてプレースする。

規則12条ー2a 参照

CASE 16

バンカー内でボールの近くにある小石をとり除いた

バンカー内に止まったボールのすぐ後ろに小石が落ちていた。そのまま打つと危険でクラブも傷つくのでとり除いた。

罰打
0

類似した状況

- バンカー内でボールに接している小石をとり除いたらボールが動いた

どうすればいい?

そのままプレーを続行する

ルール上、小石はルースインペディメント。2019年ルール改定でペナルティ・エリア内のルースインペディメントを無罰でとり除くことが可能になった。

One Point ボールに接した小石をとり除いたらボールが動いた場合、1罰打を加算して元の位置にリプレースする。

規則12条ー2a、15条ー1b 参照

CASE ⑰

素振りをしたときに ヘッドが砂に触れた

罰打
2

バンカー内で打つ前に素振りをしたら、ソールが砂をかすってしまった。

類似した状況

- ヘッドを浮かせて素振りしたら、ヘッドがバンカー内の枯葉に当たった
- ボールをバンカー外に打ち出した後に、練習スイングで砂を飛ばした

どうすればいい?

2罰打を加算してプレーを続行する

砂のテストとみなされるため **2罰打** が加算される。当ボールがバンカーから出た後に、練習スイングが砂に当たっても罰打の対象にならない。

One Point クラブを浮かせて素振りをしてルースインペディメントに当たった場合も罰打の対象となるので注意が必要。

規則12条ー2b（1）参照

CASE ⑱

打ったボールが戻ってきて自分の足に当たった

バンカーショットで脱出に失敗。前方のアゴに当たって戻ってきたボールが自分の足に当たってしまった。

罰打 0

類似した状況

●足をどけようとしたが間に合わず足に当たり、その後、足をどけたらさらに動いた

どうすればいい?

止まった位置からプレー続行

偶然に人に当たって動いているボールが止まったり、方向が変えられても、**無罰**でプレーを続行する。足で止まったボールがさらに動いた場合、最初に止まった位置にリプレースする。

One Point 足に触れたボールが動いた場合、リプレースせずにプレーを続行すると2罰打が加算されてしまうので注意が必要。

規則11条ー1a 参照

CASE 19

バンカー内でクラブを杖代わりに体を支えて休んだ

罰打 0

前の組がグリーン上でプレーを終えるのに時間がかかっていたので、バンカー内でクラブを杖代わりについて体を支えて休んでいた。

類似した状況

●バンカー内で転びそうになったので、とっさにクラブを使って体を支えた

どうすればいい？

無罰でプレーを続行する

以前は罰打の対象とされていたが、クラブを球のすぐ近くの地面につけなければ罰打はない。ただし、砂のテストとみなされると 2罰打 が加算されるので不用意な行動は控えよう。

One Point ボールを踏んだり、ボールが動いてしまった場合は1罰打が加算され、ボールを元の状況にリプレースする必要がある。

規則12条ー2b（2）参照

CASE 20

バンカーにせり出たラフのボールを打つときにクラブが砂に触れた

バンカー内にせり出たアゴの上にあるボールを打とうとしたときに、テークバックしようとしたらクラブがバンカー内の砂に触れてしまった。

罰打 **0**

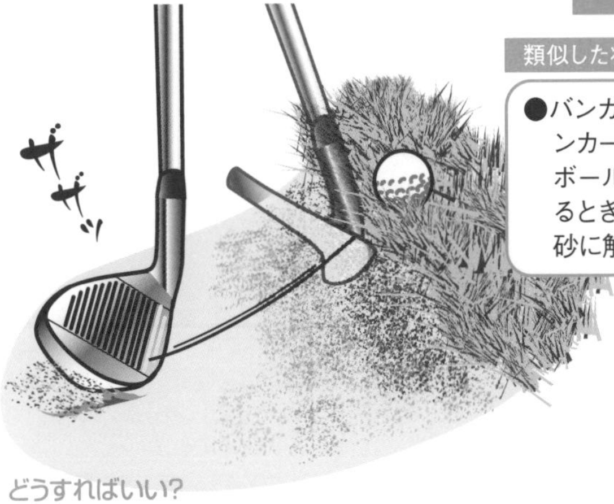

類似した状況

●バンカーの淵（バンカー外）にあるボールにセットするときにクラブが砂に触れた

どうすればいい？

そのままプレーを続行する

ボールがバンカーの上方にあり、バンカー内にスタンスをとらなければならないときでも、ボールが砂に触れていなければジェネラル・エリアのボールとみなされる。

One Point バンカーの境界線は垂直に下には伸びるが上には伸びない。池の境界線は垂直に上下に伸びるので注意が必要。

規則12条ー2b (3) 参照

CASE ❶

池の水が干上がっていたのでそのまま打った

罰打 0

池にボールを打ち込んでしまったが、行ってみると池の水が干上がった部分にボールが転がっていたのでそのまま打った。

類似した状況

●ボールが池に入ったが、浅いところにあったので水に入ってそのまま打った

どうすればいい?

そのままプレーを続行する

ペナルティ・エリア内であるのでそのままボールを打つことができる。以前は、地面や水面にクラブが触れると罰打が加算されたが、2019年ルール改定で**無罰**でソールできるようになった。

One Point 通常、黄杭で池の境界線が区切られているが、区域内でも打てるようであればそのまま無罰で打つことができる。

規則17条ー1b 参照

CASE ❷

池まわりの土に埋まったボールを拾い上げて確認した

池の水が干上がった部分にボールが埋まっていたので、拾い上げて自分のボールかを確認した。

罰打 0

類似した状況

●水中にあるボールが自分のものかを拾い上げて確認した

どうすればいい?

確認後に元の状況にリプレース

2019年のルール改定より、ペナルティ・エリア内であっても識別のためボールを拾い上げることができるようになった。確認したボールは元の場所、元の状況にリプレースする。

One Point 必要以上にボールの汚れを拭きとったり、指でぬぐうと2罰打が加算されるので注意が必要。

規則7条−3 参照

CASE ❸

ボール近くの小枝をとり除いて自分のボールか確認した

罰打 0

干上がった池に入ったボールが池の中に落ちていた小枝に引っかかっていたので、自分のボールかを確認するために小枝をとり除き、小枝を戻さずにプレーした。

類似した状況

●干上がった池で小枝をとり除いたらボールが動いてしまった

どうすればいい?

小枝をとり除いてプレーを続行する

2019年ルール改定でペナルティ・エリア内のルースインペディメントをとり除くことができようになった。必要に応じてボールを拾い上げることも認められている。

One Point 小枝をとり除くときにボールが動いたら1罰打で元の位置にリプレース。その際、小枝はリプレースの必要はない。

規則15条ー1a 参照

CASE ❹

エリア外まで増水した池の水の中にボールが入った

前日の雨で池が増水して、黄杭の外まであふれ出た水の中にボールが止まった。

罰打 0

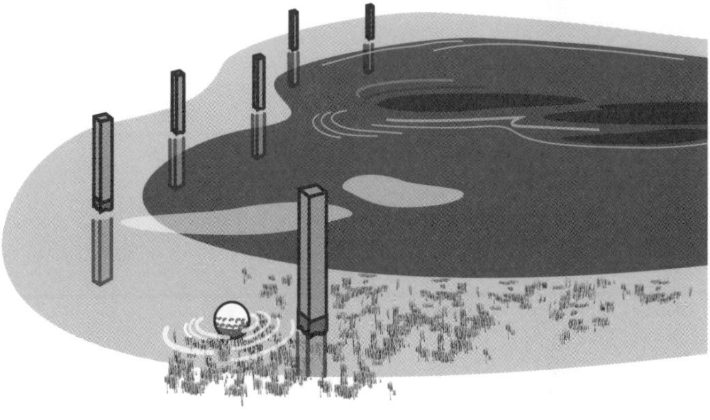

どうすればいい？

テンポラリー・ウォーターの処置をとる

黄杭の外まであふれている水はテンポラリー・ウォーター。ニヤレストポイントから1クラブレングス以内でホールに近づかないエリアにドロップしてプレーを続行する。

One Point 2019年ルール改定より、救済で拾い上げた際にボールを拭いたり、新しいものにとり替えることが可能になった。

規則16条ー1a 参照

CASE ❺

池やクリークにかかった橋の上にボールが止まった

罰打 0/1

池にかかった橋の上でボールが止まってしまった。この橋はカート道にもなっているが救済処置は受けられる?

どうすればいい?

そのまま打つか、池ポチャの処置をとる

池などにかかった橋の上はペナルティ・エリア内。橋は「動かせない障害物」だが、ペナルティ・エリア内で救済は受けられないので、そのまま打つか、1罰打で池ポチャの処置をとる。

One Point この場合、橋は「動かせない障害物」なので、そのまま打つ場合はクラブを橋にソールすることができる。

規則16条−1 参照

CASE ❻

クリークに入ったボールが OB区域に流されてしまった

クリークにボールが入ったが、水の流れが強くボールがOB区域まで流されてしまった。

罰打 1

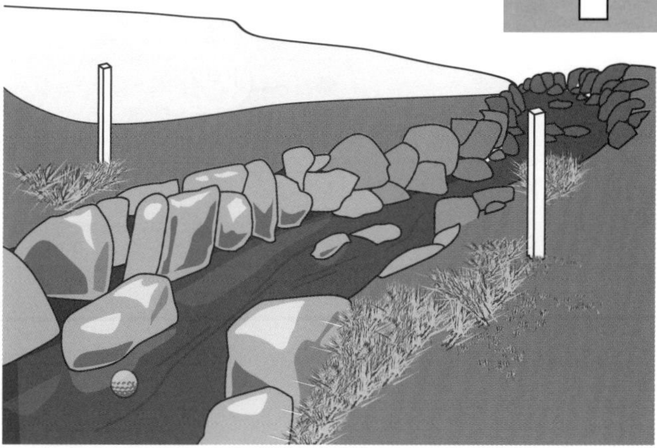

どうすればいい？

OBの処置でプレーを再開する

水や風は局外者ではないので、この場合はOBになる。**1罰打**が加算されOBの処置をとるか、**前進２罰打**のローカルルールを適用する。

One Point OBにならなかった場合は、ボールが動かされたところから無罰でプレーを続行できる。

規則9条−3 参照

CASE ❼

ラテラル救済と勘違いして処置をした

罰打 3

コースを横切っている小川にボールを打ち込んでしまったが、ラテラル救済と勘違いして2クラブレングス以内にドロップして打った。

類似した状況

- 打ちやすい対岸にドロップした
- ドロップ場所を間違えたが、打つ前に気づき、正しくドロップした

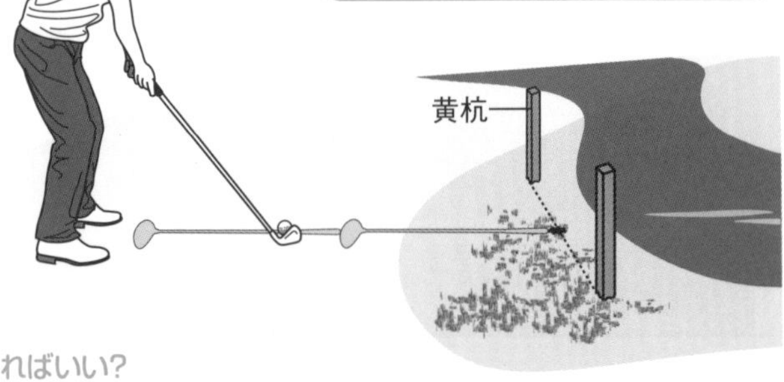

どうすればいい？

「誤所からのプレー」の処置を追加する

川など地形的に後方にボールを処理できないときに適応されるのが「ラテラル救済」。この場合、通常の **1罰打** に加え、「誤所からのプレー」の **2罰打** が加算される。

One Point 重大な違反の場合は、訂正プレーが必要。ローカルルールになければ対岸の処置はできなくなったので要注意。

規則14条ー7 参照

CASE ❽

対岸の土手に当たって転がって戻ってきたボールが池に落ちた

池越えのショットでグリーンを狙ったが少しショート。砲台グリーンの斜面を転がり落ちて、また池に入ってしまった。

罰打 1

類似した状況

● 池越えのショットで池の対岸の淵に当たったボールが池に落ちた

どうすればいい?

所定の場所にドロップしてプレー再開

池に落ちたので **1罰打** を加算。①ボールを最後に打った位置、もしくは、②ボールが最後に境界線を横切った地点とホールを結んだ池の後方線上、のいずれかにドロップする。問題は②の場合。たとえ、グリーン側から池に入ったとしても、その池の後方となるので池越えのショットとなる。

規則17条ー1d 参照

CASE 9

紛失球と思って暫定球を打ったが初球が池の中で見つかった

罰打 1

ボールが池の近くの草むらに飛んだので暫定球を打ったが、行ってみると初球が池に入っていたことがわかった。

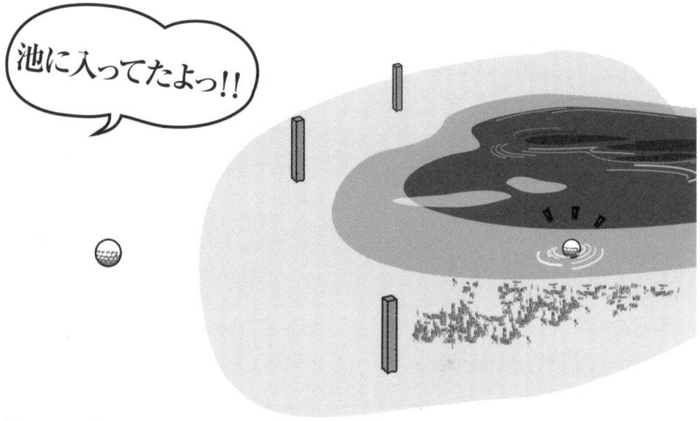

どうすればいい?

初球でプレーを続行する

従来、暫定球はOBもしくは紛失球の恐れがある場合にしか打つことができない。この場合、初球が見つかったので、池ポチャの処置をとって初球でプレーを続行しなければならない。

One Point 暫定球を打ってしまうと「誤球のプレー」となり2罰打が加算されるので要注意。

規則18条ー3a、c (3) 参照

CASE ⑩

ボールに接した赤杭が邪魔だったので抜いてから打った

ボールがペナルティ・エリアを示す赤杭に接して止まっていたので、杭を抜いてから打ち、ショット後に元に戻した。

罰打 0

類似した状況

●ボールがペナルティ・エリア外で杭に接して止まっていたが、杭が抜けないので救済処置をとった

どうすればいい？

そのままプレーを続行する

赤杭や黄杭は「動かせる障害物」。邪魔であれば、杭を抜いてショット後に戻しておけばOK。杭が抜けない場合、ボールがペナルティ・エリア外であれば救済処置が受けられる。

One Point ボールがペナルティ・エリア内に入っていたら、杭が抜けなくても救済は受けられない。

規則15条ー2a 参照

CASE ⓫

干上がったところで打つ前に雑草にクラブが当たった

罰打

0

池の干上がった部分にボールがあったので、そのまま打とうとしたら、テークバックしたときに雑草にクラブが触れてしまった。

類似した状況

●テークバックしたクラブが干上がった池に落ちていたゴミに当たった

どうすればいい?

そのままプレーを続行する

2019年ルール改定で、バンカー以外のペナルティ・エリアでクラブが地面や水面に触れることによる罰打が廃止された。ボールを動かしたり、ライを改善しなければ、ソールも可能。

One Point ゴミなどの「動かせる障害物」はペナルティ・エリア内でも無罰でとり除くことができる。

規則17条ー1b 参照

CASE ⑫

池の中から打ってOBだったので池ポチャの処置をとった

池の中から打ったらOBになったので、打ち直すときに池ポチャの処置をとってペナルティ・エリア外にドロップした。

罰打 2

どうすればいい?

OBの1罰打、池ポチャの1罰打を加算

最初の1打をカウントした上でOBの **1罰打** を加算。さらに、ペナルティ・エリア外にドロップするので池ポチャの **1罰打** が加算される。

One Point そのままペナルティ・エリア内にドロップして打ち直せばOBの1罰打のみが加算される。

規則17条ー2b 参照

CASE ⑬

池ポチャしたと思って別のボールを打った後に初球が見つかった

罰打 1

池にボールが入ったと思って別のボールを打って移動を開始したら、実は池に入っていなかったようで最初のボールが見つかった。

類似した状況

●ボールをドロップしたときに最初のボールが見つかった

どうすればいい？

そのままプレーを続行する

ドロップしたボールを打った時点で最初のボールは「紛失球」となる。ドロップして打ったボールがインプレーとなるため、池に打ち込んだ **1罰打** のみで、そのままプレーを続ける。

One Point ボールをドロップ後1分以内に、打つ前に正球が見つかってもドロップしたボールでプレーする。

規則6条－3b（2）参照

PART 5

パッティング・グリーンのルール

パッティング・ライン

マーカー・カップ・旗竿

打球・カップインなど

CASE ❶

ライン上に飛び散っていた枯葉や小枝をとり除いて打った

罰打 0

前日の台風の影響でグリーン上に枯葉や小枝が散らばっていて、パッティングに影響するのでとり除いてグリーン外に捨てた。

類似した状況

●ライン上にあった砂をとり除いてから打った

どうすればいい?

そのままプレーを続行する

バンカーショットなどでグリーン上に飛び散った砂やルースインペディメントは **無罰** でとり除くことができる。タオルや帽子などを使って払いのけることも可能。

One Point 砂やルースインペディメントを払いのけるときに、ボールが動いてしまっても無罰でリプレースできる。

規則16条ー1 参照

CASE ❷

ライン上のスパイク跡をパターのソールで直してから打った

ライン上に誰かのスパイク跡があって芝が毛羽立っていたのでパターのソールを使って芝をならしてからストロークした。

罰打 0

類似した状況

- ●ライン上のボールマークを直してから打った
- ●カップインした後にホールの縁の傷を直した

どうすればいい?

無罰でプレーを続行する

ライン上で直せるのは古いカップの埋め跡とボールマークのみであったが、2019年ルール改定でスパイク跡や芝の毛羽立ちも修正できるようになった。

One Point 他人のラインを踏んで傷つけてしまった場合も、プレーヤーは修正可能。踏んだ人にも罰打は課されない。

規則13条ー1c 参照

CASE ❸

ライン上に水たまりがあったので救済処置でプレースして打った

罰打 0

前日の雨の影響でグリーン上に水たまりが残っていて、ちょうどラインにかかっていたので、カジュアル・ウォーターの救済でグリーン上にプレースした。

類似した状況

- 水たまりを避けるために救済を受けるとグリーン外になってしまうが、仕方なくグリーン外にプレースした
- 救済を受けてニヤレストポイントにドロップした

どうすればいい?

ニヤレストポイントにプレースする

ライン上のテンポラリー・ウォーターも無罰で救済を受けることができるが、グリーン上の救済処置はプレースのみ。うっかりドロップして打ってしまうと **1罰打** が加算されてしまう。

One Point ポイントがグリーン外でも処置はプレース。うっかりドロップした場合でも、すぐにプレースすれば無罰。

規則16条−1d 参照

CASE ❶

うっかり落としたヘッドカバーがボールに当たって動いた

マークをするときに手に持っていたパターのヘッドカバーが落ち、ボールに当たって動いてしまった。

罰打 0

類似した状況

- マークするときにマーカーが手から滑り落ちてボールに当たって動いた

どうすればいい?

無罰でリプレースしてプレー続行

マーカーを置く、ボールを拾う、ボールを置く動作およびその前後に、偶然ボールを動かしてしまった場合は **無罰** でボールを元の位置にリプレースしてプレーを続行する。

One Point ボールに近づいて故意にボールを蹴飛ばしてしまった場合は1罰打が加算される。

規則13条－1d 参照

CASE ❷

うっかりマークせずに ボールを拾い上げてしまった

罰打 1

同伴競技者がパットをしようとしていたので、慌ててボールを拾い上げた後で、すぐにボールがあったところにマークした。

どうすればいい？

1罰打でリプレースしてプレー続行

グリーン上に限らずボールを拾い上げるときは、かならずボール後方にマークしなければならない。マークせずに拾い上げたら、**1罰打**を加算して元の位置にボールをリプレースする。

One Point マークが他人のライン上になってしまう場合は、ラインを避けるために目印を決めてマーカーをズラして置くのがマナー。

規則14条ー1a 参照

CASE ❸

マーカーを押さえたときにパターのソールについて動いてしまった

ボールをマークするときにマーカーを固定するためにパターのソールで押さえつけたところ、パターのソールにマーカーがついて動いてしまった。

罰打 0

類似した状況

● マークをしてラインを読んでいるときに、うっかり蹴飛ばしてマーカーを動かしてしまった

どうすればいい？

マーカーを元の位置にリプレース

偶然にマーカーを動かしてしまっても **無罰** でマーカーをリプレースすればよい。マーカーを蹴ったり、パターで弾いて動かしてしまった場合は **1罰打** を加算してリプレースする。

One Point 元にあった位置が正確に分からない場合は、前にあったと思われるできるだけ近い位置にリプレースする。

規則13条ー1d (1) 参照

CASE ❹

移動させて置いたマーカーを元に戻さずに打ってしまった

罰打 2

マークするときにマーカーをズラしたことを忘れて、マーカーの前方にボールを置いて打ってしまった。

どうすればいい?

2罰打を加算してプレーを続行する

ボールを置いて打った時点で「誤所からのプレー」となるので、**2罰打**を加算して、打った打球でプレーを続行しなければならない。

One Point ボールの位置は正しいものの、マーカーを拾い上げるのを忘れてしまった場合はペナルティはない。

規則14条—7 参照

CASE ❺

マーカーの前にリプレースしたボールが風で動いた

マークしたボールをマーカーの前に置いたところで突風でボールが動いてしまった。

罰打
0/2

類似した状況

●マーカーを置いた後にボールが転がり始めた

どうすればいい?

元の位置からプレーを続行

ボールをマークして拾い上げた場合、リプレース後に自然の力で動いた場合には**無罰**で元の位置に戻してプレーを続行する。そのまま打ってしまうと**2罰打**が加算される。

One Point ボールやマーカーを自分や同伴競技者が偶然に動かした場合も無罰。元の位置にリプレース、または、マークする。

規則9条ー2b 参照

CASE ❻

エッジとグリーンの境に止まったのでマークして拾い上げた

罰打 0/1

ボールがエッジとグリーンの境目に止まっていたので、同伴競技者のアプローチの邪魔にならないようにマークして拾い上げた。

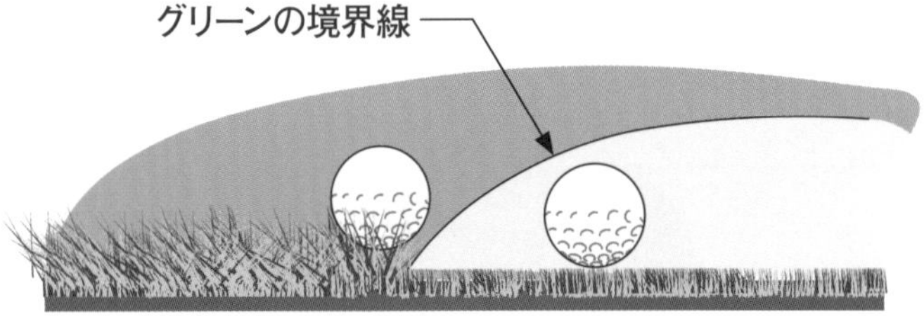

グリーン面に触れていない

グリーン外のボール

グリーン面に触れている

グリーン上のボール

どうすればいい?

グリーン面に触れていればOK

ボールが短く刈られたグリーン面に触れていれば、マークして拾い上げられる。グリーン外では、同伴競技者の要望なく、自己判断で勝手に拾い上げてしまうと**1罰打**が加算される。

One Point 上から見てボールがグリーン側に飛び出ていても、グリーン面に触れていなければ拾い上げると1罰打が加算される。

規則13条－1a、b 参照

CASE ❼

同伴競技者にマークを要求されたが嫌なので無視した

同伴競技者からマークを求められたが、どう見てもラインから離れているので、動かすのも面倒だから断った。

罰打
2

どうすればいい?

同伴競技者が打ってしまうと2罰打

グリーン上に限らず、自分のプレーの妨げになるかもしれない状況では、そのボールをマークして拾い上げてもらうことができる。その要求を無視すると **2罰打** が加算される。

One Point マークするのがどうしても嫌な場合は、先に打ってしまえば罰打は課されない。

規則8条ー3b 参照

CASE ❶

打球が同伴競技者のマーカーに当たってコースが変わった

罰打 0

打ったボールが同伴競技者の置いたマーカーに当たり、転がるコースが変わってしまった。

類似した状況

●ボールが同伴競技者のマーカーに当たって、コースが変わってカップインした

どうすればいい?

止まった位置からプレーを続行する

ボールをマークしたマーカーは携帯品ではないため、ボールが当たってコースが変わっても打ち直すことはできない。コースが変わってカップインしたらホールアウトになる。

One Point トラブルを避けるためにも、ラインに近く、当たる恐れがある場合はマーカーを移動させるのが賢明。

規則11条ー1b 例外2 参照

CASE ❷

カップ近くに止まったボールが自然にカップインした

カップから数センチのところに止まったボールに近づく途中で風が吹いてボールがカップインしてしまった。

罰打 0/1

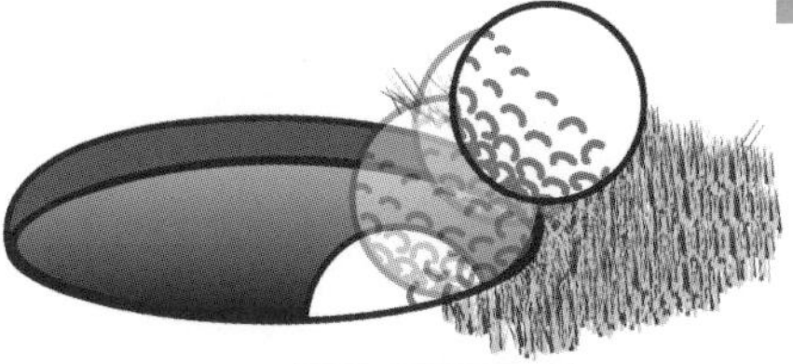

類似した状況

ボールが止まった判断

カップの縁でボールに近づいてから10秒間ボールが動かなければ「ボールが止まった」と判断される。

- ●カップの縁に止まったボールがボールに近づく途中でカップインした
- ●カップの縁に止まったボールがボールにアドレスをして打つ前にカップインしてしまった

どうすればいい?

カップ近くとカップの縁で異なる

カップの縁より数センチでも離れていれば 無罰 でホールアウト。カップの縁で止まった場合、10秒以内に入れば 無罰 、10秒を超えて入ると 1罰打 を加算してホールアウトになる。

One Point カップの縁にマークしてリプレースしたボールがカップインした場合、10秒以内でも1罰打が加算される。

規則13条ー3 参照

CASE ❸

ピンの手前に止まったので旗竿を刺したまま打ってカップインした

罰打 0

ピンよりかなり手前に止まっていたので、旗竿を抜きにいくのが面倒なこともあり、そのまま打ったらピンに当たってカップインしてしまった。

どうすればいい？

無罰でカップインが認められる

2019年のルール改定で旗竿を抜かずにプレーをすることが許されるようになった。ボールが旗竿に当たってのカップインも認められる。

One Point キャディのつかないアマチュアプレーヤーの時間短縮などの目的でこのルールが適用されるようになった。

規則13条−2a 参照

CASE ❹

面倒だったのでパターの背面で打ってカップインさせた

カップの縁に止まったボールを打つときに、同伴競技者のラインを踏みそうだったので、パターの背面を使ってカップインさせた。

罰打 0

類似した状況

●カップ近くだったのでビリヤードのようにパターのソールでボールを突いて入れた

どうすればいい?

無罰でカップインが認められる

ヘッドの背面であれば**無罰**。しかし、ボールを突くのは「ボールを押し出す動作」となり**2罰打**が加算される。その他、「かき寄せる動作」、「すくい上げる動作」も罰打の対象となる。

One Point グリップやシャフトなど、クラブのヘッド以外の部分で打った場合も2罰打が加算される。

規則10条−1a 参照

CASE ❺

打ったボールが前方を横切った同伴競技者の足に当たった

罰打
0/2

ロングパットが大きくオーバーしてカップの後方を歩いていた同伴競技者の足に当たってしまった。

類似した状況

●打ったボールが旗竿に付き添う同伴競技者の足に当たった

どうすればいい?

元の位置にリプレースして打ち直す

ボールが同伴競技者やその携帯品に当たった場合は、そのストロークは取り消し。**無罰**で元の位置から打ち直しになる。同伴競技者が旗竿を持っている場合は**2罰打**でプレー続行。

One Point 旗竿を持つキャディや同伴競技者は「付き添い」となるため、当ててしまうと罰打が課される。

規則11条ー1 例外2 参照

CASE ❻

グリーン上でほぼ同時に打った2つのボールがぶつかった

カップの反対側で同伴競技者が素振りをしていたが、自分を待っていると思って打ったら、同伴競技者もストロークしてボールが当たった。

罰打

0/2

類似した状況

●同伴競技者が打ったボールが動いているうちにストロークしたらボールが当たった

どうすればいい?

ストロークとり消しでリプレース

同時に打ったボールがぶつかった場合、**無罰**でリプレースとなる。片方が遅れて打った場合は後に打った方が動いているボールに当てたとみなされ**2罰打**でリプレースとなる。

One Point 2人のプレーヤーが同時に打ったとしてもボールがぶつからなければそのままインプレー。無罰でプレーを続行する。

規則11条ー1 例外 参照

CASE ❼

キャディが手に持っている旗竿を狙ってパットした

罰打 2

旗竿を持つキャディにラインを尋ねたら、旗竿の先端で「ここを狙え」と示したので、そのままの状態でパットした。

類似した状況

●ラインを示したキャディの足を狙ってパットした

どうすればいい?

指示がグリーン面に触れていたら2罰打

キャディにラインを聞くのは問題ないが、その指示を出すときにグリーン面に触れたまま打つと**2罰打**が加算される。キャディが指示を解除して、近くに立っているだけなら**無罰**。

One Point 同伴競技者にラインを聞いたり、教えた場合は「アドバイス」になるため、別のルールが適用されて2罰打となる。

規則10条－2b（2）参照

CASE ❽

同伴競技者から「OK」が出たのでボールを拾い上げた

ロングパットでカップ10cmのところに寄り、同伴競技者が「OK」と言ったのでボールを拾い上げた。

罰打 1

類似した状況

●ボールを拾い上げて、そのまま次のホールのティーショットを打った

どうすればいい?

1罰打で元の位置にリプレースする

ストロークプレーでOKはないので、どんなに短いパットでもカップインしなければならない。ホールアウトせずに次のティーショットを打つと**競技失格**になる。

One Point マークをせずに拾い上げたので、インプレーのボールを拾ったことで1罰打が加算される。

規則9条−4b 参照

CASE ❾

打ったボールが同伴競技者の止まっているボールに当たった

罰打 2

長いスライスラインで大きくコースを外れて、当たると思っていなかった同伴競技者のボールに当たってしまった。

類似した状況

- カラーからパターで打ったボールが同伴競技者のボールに当たった

どうすればいい?

2罰打でプレー続行、当てられたボールはリプレース

当てたプレーヤーは **2罰打** を加算して止まったところからプレー続行。当てられたプレーヤーは **無罰** で元の位置にリプレースできる。カラーなどグリーン外から当てた場合は **無罰** 。

One Point 少しでも当たる可能性がある場合は、同伴競技者にマークを要求するのが賢明。

規則11条ー1a 参照

CASE ⑩

旗竿を抜いたときに引っかかっていたボールが出てしまった

旗竿を抜くときに、カップの上で旗竿とカップの間に引っかかっていたボールが外に出てしまった。

罰打 0

類似した状況

- 旗竿を抜いたときにボールが落ちてカップイン
- 旗竿を抜くときに外に出たボールをそのままタップしてカップインさせた
- 旗竿とカップに挟まったボールを拾い上げた

どうすればいい?

無罰でホールの縁にプレースする

カップインしていないボールが動いてしまった場合は、**無罰**でカップの縁にプレースする。動いたところからプレーすると誤所からのプレーで **2罰打** が加算される。

One Point ボールが一部でもグリーン面より下に入っていればカップイン。旗竿を抜くときにボールが落ちればホールアウト。

規則13条ー2c 参照

CASE ⓫

グリーン上に置かれた旗竿に当たってカップインした

罰打 0/2

グリーン上から打ったボールが、カップの後方のグリーン上に寝かせて置いてあった旗竿に当たってカップインした。

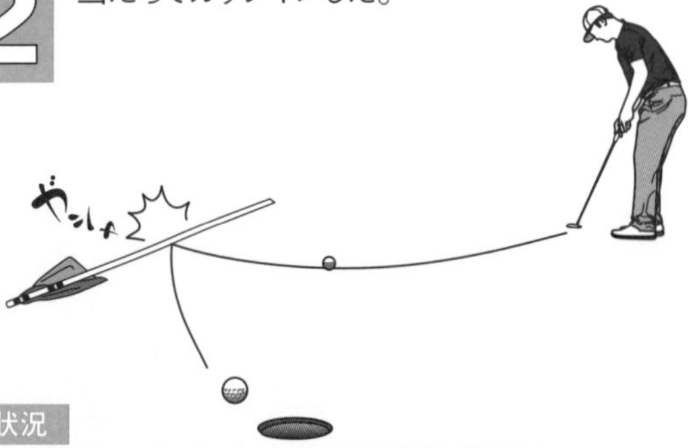

類似した状況

- ●パットしたボールがグリーン外に置かれた旗竿に当たった
- ●パットしたボールが旗竿を持っていた同伴競技者の足に当たった
- ●パットしたボールがキャディが落としたボールに当たった

どうすればいい?

偶然なら無罰、故意なら2罰打を加算する

意図なく置かれた旗竿に偶然ボールが当たった場合は 無罰 、当たることを想定して旗竿を置いた場合は 2罰打 を加算してもとの位置から打ち直す。

One Point ボールが当たることを想定して同伴競技者が旗竿を置いた場合は同伴競技者に罰打が加算される。

規則11条ー1a 例外 参照